KB211346

성경을 따라가는 52주 가정예배

선지서

세움북스는 기독교 가치관으로 교회와 성도를 건강하게 세우는 바른 책을 만들어 갑니다.

4
선지서

성경을 따라가는 52주 가정예배

일주일에 한 번, 온 가족 말씀 동행 프로젝트

초판 1쇄 인쇄 2023년 11월 20일
초판 1쇄 발행 2023년 11월 25일

지은이 | 김태희
펴낸이 | 강인구

펴낸곳 | 세움북스
등 록 | 제2014-000144호
주 소 | 서울시 종로구 대학로 19 한국기독교회관 1010호
전 화 | 02-3144-3500
이메일 | cdgn@daum.net

디자인 | 참디자인

ISBN 979-11-91715-99-6 (03230)

일주일에 한 번, 온 가족 말씀 동행 프로젝트

성경을 따라가는 52주 가정예배

4
선지서

김태희 지음

세움북스

서문

이 책은 가정예배 교재입니다. 책의 구성을 따라가면 누구나 힘들지 않게 가정예배를 인도할 수 있습니다. 이 책은 부모가 자녀에게 성경 66권을 가르치는 것을 목표로 합니다. 구약 4권, 신약 2권으로 구성되어 있으므로, 일 년에 한 권씩 6년 동안 사용할 수 있습니다. 그래서 초등학교 1학년 때 창세기를 시작하면 초등학교 6학년 때 요한계시록을 마칠 수 있습니다.

이 책으로 가정예배를 드리는 방식은 다음과 같습니다. 가장 먼저 시간을 정해야 합니다. 개혁주의 교회는 전통적으로 주일 저녁에 가정예배를 드렸습니다. 주일을 온전히 지키는 측면에서도 주일 저녁이 가장 좋다고 생각합니다. 물론 다른 시간에 모여도 무방합니다. 대신 가정예배 시간이 계속 바뀌지 않도록 해야 합니다.

가정예배는 찬송으로 시작하는 것이 좋습니다. 찬송에 앞서 사도신경을 고백할 수도 있습니다. 찬송 이후에는 부모 중 한 명이 시작 기도를 드립니다. 다음으로 가정예배 본문을 읽는데, 모든 가족이 돌아가면서 읽는 것을 추천합니다. 본문은 세 개 또는 네 개의 단락으로 구성되어 있습니다. 단락별로 읽으시면 됩니다.

다음은 본문 묵상입니다. 교재에는 묵상을 도와주는 질문이 포함되어 있습니다. 부모는 교재에 있는 질문을 통해 자녀들이 말씀을 잘 이해했는지 확인하고, 이해가 부족할 때는 보충 설명을 해 주어야 합니다. 마지막으로 부모 중 한 명이 마침 기도를 합니다. 아이들이 가정예배에 익숙해지면, 아이들이 돌아가면서 기도하는 것도 좋습니다.

장로교회의 표준문서인 웨스트민스터 예배모범 제8장에는 다음과 같이 기록되어 있습니다. "가정 기도회는 신자의 당연한 의무이므로 가정마다 행할 것이니 매일 성경을 읽고, 기도하며, 찬송함으로 행할 것이다." 따라서 교회는 성도들이 가정예배를 시작하도록 독려해야 하며, 가정예배가 제대로 드려지는지 감독해야 합니다.

저는 한국 교회의 위기가 바로 여기에서 시작되었다고 생각합니다. 신자의 의무이며, 부모의 의무인 가정예배가 사라진 결과, 주일학교의 위기, 그리고 한국 교회의 위기가 시작되었다고 생각합니다. 따라서 가정예배가 회복될 때 비로소 주일학교가 회복되고, 한국 교회가 회복된다고 생각합니다.

아무쪼록 《성경을 따라가는 52주 가정예배》를 통해, 가정예배가 회복되고, 그리하여 주일학교가 회복되고, 마침내 한국 교회가 회복되는 선순환이 일어나기를 소망합니다.

목차

예레미야

에스겔

다니엘

호세아

요엘

아모스

오바댜

요나

미가

나훔

하박국

스바냐

학개

스가랴

말라기

일주일에 한 번,
온 가족 말씀 동행 프로젝트

이니시야

1주

내가 자식을 양육하였거늘
그들이 나를 거역하였도다

이사야 1장 | 찬송가 365장. 마음속에 근심 있는 사람

하늘이여 들으라 땅이여 귀를 기울이라

여호와께서 말씀하시기를

내가 자식을 양육하였거늘 그들이 나를 거역하였도다

소는 그 임자를 알고 나귀는 그 주인의 구유를 알건마는

이스라엘은 알지 못하고 나의 백성은 깨닫지 못하는도다 하셨도다 (1:2-3)

하나님은 이스라엘을 자녀처럼 보살펴 주셨습니다. 부모가 자녀에게 하듯 이스라엘을 사랑해 주셨습니다. 하지만 이스라엘은 하나님께 순종하지 않았습니다. 소와 나귀 같은 짐승도 주인에게 순종하지

만, 이스라엘은 하나님께 순종하지 않았습니다. 이것이 하나님께서 슬퍼하시는 이유입니다. 우리는 어떠합니까? 순종으로 하나님을 기쁘게 합니까, 불순종으로 하나님을 슬프게 합니까?

> 한 나라요 허물 진 백성이요 행악의 종자요
> 행위가 부패한 자식이로다 그들이 여호와를 버리며
> 이스라엘의 거룩하신 이를 만홀히 여겨 멀리하고 물러갔도다 (1:4)

이스라엘은 거룩하신 하나님의 백성입니다. 따라서 이스라엘은 거룩하게 살아야 합니다. 부패한 세상 사람들과 다르게 살아야 합니다. 하지만 이스라엘은 하나님의 백성답게 살지 않고, 세상 사람들처럼 부패한 삶을 살았습니다. 우리는 어떠합니까? 하나님의 백성답게 거룩하게 살고 있습니까? 아니면 세상 사람들처럼 부패한 삶을 살고 있습니까?

> 너희가 어찌하여 매를 더 맞으려고 패역을 거듭하느냐
> 온 머리는 병들었고 온 마음은 피곤하였으며 (1:5)

하나님은 부패한 이스라엘을 거룩하게 바꾸기 위해 매를 사용하셨습니다. 하나님께서 사용하신 매는 앗수르와 바벨론입니다. 하나님은 앗수르와 바벨론의 군대를 통해 이스라엘을 치셨습니다. 하지만 이스라엘은 하나님의 매를 맞고서도 반성하지 않았습니다. 부패한 삶에서 돌아서지 않았습니다. 결국 이스라엘은 하나님의 매를 더 맞아야 했습니다. 하나님은 우리에게도 매를 드십니다. 우리가 부패한 삶을 살 때 매를 사용해서 징계하십니다. 하나님은 우리가 회개하고 돌아설 때까지 매를 사용하실 것입니다.

> 만군의 여호와께서 우리를 위하여
> 생존자를 조금 남겨 두지 아니하셨더면
> 우리가 소돔 같고 고모라 같았으리로다 (1:9)

하나님은 이스라엘을 완전히 멸망시키지 않으셨습니다. 대부분의 도시는 앗수르에게서 정복당하게 하셨지만, 예루살렘과 같은 중요한 도시는 남겨 두셨습니다. 하나님께서 조금 남겨 두신 이유는 무엇일까요? 하나님의 징계는 멸망이 아니라 회개를 위한 것이기 때문입니다. 이스라엘이 완전히 사라지는 것이 아니라, 이스라엘이 거룩하게 변하는 것이 목적이기 때문입니다. 바로 이것이 하나님의 은혜입니다. 하나님은 우리에게도 은혜를 베푸십니다. 하나님께서 우리를 징계하시는 이유는 우리가 멸망하는 것이 아니라 우리가 거룩하게 변하는 것입니다. 우리가 거룩하게 변할 때까지 하나님은 징계를 멈추지 않을 것입니다.

묵상

하나님께서 사용하신 매는 무엇입니까?

_____

_____

_____

하나님께서 이스라엘에게 매를 드신 이유는 무엇입니까?

_____

_____

_____

기도

하나님. 이스라엘은 매를 맞으면서도 돌아서지 않았습니다. 아무리 매를 맞아도 반성하지 않았습니다. 하나님께서 징계하실 때 속히 회개하게 해 주세요. 거룩한 삶으로 돌아서게 해 주세요. 예수님의 이름으로 기도합니다. 아멘.

거룩하다 거룩하다 만군의 여호와여

이사야 6장 | 찬송가 366장. 어두운 내 눈 밝히사

> 웃시야 왕이 죽던 해에 내가 본즉
> 주께서 높이 들린 보좌에 앉으셨는데
> 그의 옷자락은 성전에 가득하였고 (6:1)

하나님은 웃시야 왕이 죽던 해에 자신의 하늘 보좌를 보여 주셨습니다. 웃시야가 다스리던 시기에 남유다는 크게 성장했습니다. 웃시야는 대단히 능력 있는 왕이었습니다. 그래서 웃시야가 죽었을 때 백성들은 크게 두려워했습니다. 바로 이것이 웃시야가 죽던 해에 하나님께서 자신의 하늘 보좌를 보여 주신 운명이었습니다. 하나님은 이 환상을 통해, 남유다의 운명이 웃시야의 손에 달린 것이 아님을

보여 주셨습니다. 하나님은 이 환상을 통해, 남유다의 운명은 하늘 보좌에서 다스리시는 하나님께 달려 있음을 가르쳐 주셨습니다.

> 서로 불러 이르되 거룩하다 거룩하다 거룩하다
> 만군의 여호와여 그의 영광이 온 땅에 충만하도다 하더라 (6:3)

스랍은 하나님 가장 가까이에서, 하나님의 영광을 수호하는 천사입니다. 스랍들은 다음과 같이 하나님을 찬양했습니다. "거룩하다 거룩하다 거룩하다 만군의 여호와여 그의 영광이 온 땅에 충만하도다" 거룩함은 하나님의 성품을 말하는 것으로서, 죄가 전혀 없으신 상태를 말합니다. 그래서 죄 많은 사람은 하나님 곁으로 갈 수 없습니다. 지금 우리가 하나님과 가까이 교제할 수 있는 것은 예수님께서 우리의 죄를 해결해 주셨기 때문입니다. 우리가 받아야 할 죄의 벌을 예수님께서 대신 받으셔서, 우리를 죄로부터 깨끗하게 해 주셨기 때문입니다.

> 그 때에 내가 말하되 화로다 나여 망하게 되었도다
> 나는 입술이 부정한 사람이요
> 나는 입술이 부정한 백성 중에 거주하면서
> 만군의 여호와이신 왕을 뵈었음이로다 하였더라 (6:5)

이사야 선지자는 하나님을 가까이에서 본 후, 다음과 같이 말했습니다. "화로다 나여 망하게 되었도다." 이 말은 거룩하신 하나님께서 죄인을 벌하신다는 뜻입니다. 한낱 죄인에 불과한 이사야가 거룩하신 하나님 앞에 섰으니, 이제 이사야는 하나님의 심판을 받아 죽게 된다는 뜻입니다. 이사야의 말처럼 타락한 인간은 하나님께 가까이

갈 수 없습니다. 방법은 하나밖에 없습니다. 예수님을 믿는 것입니다. 예수님을 믿고 죄를 씻는 것입니다. 그것만이 하나님께 가까이 가는 유일한 방법입니다.

> 내가 또 주의 목소리를 들으니 주께서 이르시되
> 내가 누구를 보내며 누가 우리를 위하여 갈꼬 하시니
> 그때에 내가 이르되 내가 여기 있나이다
> 나를 보내소서 하였더니 (6:8)

하나님은 "누가 우리를 위하여 갈꼬"라고 하셨습니다. 하나님은 선지자로 헌신할 사람을 찾으셨습니다. 당시 남유다 사람들은 우상 숭배에 물들어 있었습니다. 그래서 선지자로 사는 것은 매우 힘든 일이었습니다. 하지만 이사야는 자원해서 자신이 선지자가 되겠다고 했습니다. 자발적으로 선지자로 헌신하겠다고 했습니다. 우리는 어떠합니까? 교회에서 봉사할 사람을 찾을 때, 자원해서 헌신하고 있습니까? 꼭 필요하지만 아무도 하지 않으려는 일을 기쁨으로 참여하고 있습니까?

묵상

왜 하나님은 웃시야가 죽던 해에,
하늘 보좌를 보여 주셨습니까?

어떻게 거룩하지 않은 우리가 거룩하신 하나님께 가까이 갈
수 있습니까?

기도

하나님. 이사야가 어렵고 힘든 선지자의 길을 자발적으로 걸
어간 것처럼, 저희 가정도 하나님께서 부르시는 자리가 어디
든지 자발적으로 섬기게 해 주세요. 예수님의 이름으로 기도
합니다. 아멘.

3주

아모스의 아들 이사야가
바벨론에 대하여 받은 경고라

이사야 13장 | 찬송가 368장. 주 예수여 은혜를

> 아모스의 아들 이사야가
> 바벨론에 대하여 받은 경고라 (13:1)

하나님께서 바벨론을 향해 경고하십니다. 알다시피 바벨론은 남유
다를 정복한 나라입니다. 바벨론은 고대 중동 지방의 패권 국가였
습니다. 하지만 그러한 바벨론의 운명도 하나님의 손안에 있었습니
다. 바벨론을 흥하게 하신 분도 하나님이었고, 바벨론을 망하게 하
신 분도 하나님이었습니다. 이처럼 하나님은 온 세상의 역사를 주관
하시는 분이십니다. 세상 역사는 강대국과 정치인들에게 달린 것이

아니라, 하나님께 달려 있습니다.

> 너희는 애곡할지어다 여호와의 날이 가까웠으니
> 전능자에게서 멸망이 임할 것임이로다 (13:6)

하나님께서 바벨론에게 애곡하라고 하십니다. 슬피 울라는 뜻입니다. 그 이유는 심판의 날이 멀지 않았기 때문입니다. 바벨론은 하나님을 대적하는 세상 나라의 상징입니다. 바벨론의 운명은 곧 하나님께 불순종하는 세상의 운명입니다. 하나님께 순종하지 않은 자들은 반드시 슬피 울게 될 것입니다. 바벨론이 하나님의 심판을 받은 것처럼, 온 세상이 하나님의 심판을 받을 것이기 때문입니다. 우리는 멸망할 세상 나라의 백성이 아닙니다. 우리는 영원한 하나님 나라의 백성입니다.

> 내가 세상의 악과 악인의 죄를 벌하며
> 교만한 자의 오만을 끊으며
> 강포한 자의 거만을 낮출 것이며 (13:11)

하나님께서 교만한 자의 오만을 끊겠다고 하십니다. 바벨론의 교만을 심판하신다는 뜻입니다. 바벨론은 고대의 패권 국가였습니다. 바벨론은 수많은 나라를 정복하고 심판했습니다. 그 결과 바벨론은 교만한 마음을 품게 되었습니다. 바벨론이 최고라는 생각을 하게 되었습니다. 하지만 바벨론의 지위는 영원하지 않을 것입니다. 하나님은 바벨론을 심판하셔서 바벨론의 이름이 역사 속에서 사라지게 하실 것입니다. 실제로 바벨론은 완전히 멸망하고 흔적조차 남지 않아서, 오랫동안 전설 속의 도시로 여겨졌습니다.

> 그들이 놀라며 괴로움과 슬픔에 사로잡혀
>
> 해산이 임박한 여자 같이 고통하며
>
> 서로 보고 놀라며 얼굴이 불꽃 같으리로다 (13:8)

하나님께서 바벨론 사람들이 놀라고 슬퍼할 것이라고 하십니다. 하나님께서 바벨론을 심판하셔서, 흔적조차 남기지 않을 것이기 때문입니다. 바로 이것이 마지막 날의 모습입니다. 세상 사람들은 최후의 심판 날에 놀라고 슬퍼할 것입니다. 하지만 하나님의 백성인 우리는 기쁜 마음으로 하나님의 심판을 받아들일 것입니다. 우리는 마지막 심판 날에 천국을 선물로 받을 것이기 때문입니다.

묵상

바벨론을 흥하게도 하시고 망하게도 하신 분은 누구입니까?

_____

_____

_____

왜 하나님은 바벨론에게 애곡하라고 하십니까?

_____

_____

_____

_____

기도

하나님. 세상 나라는 멸망하고, 하나님 나라는 흥왕할 것입니다. 세상 나라 백성은 애곡하며, 하나님 나라 백성은 기뻐할 것입니다. 세상 나라 백성처럼 살지 않고, 하나님 나라 백성처럼 살게 해 주세요. 예수님의 이름으로 기도합니다. 아멘.

4주

만군의 여호와께서 자기 백성의
남은 자에게 영화로운 면류관이 되시며

이사야 28장 | 찬송가 369장. 죄짐 맡은 우리 구주

> 에브라임의 술취한 자들의 교만한 면류관은
> 화 있을진저 술에 빠진 자의 성 곧 영화로운 관같이
> 기름진 골짜기 꼭대기에 세운 성이여
> 쇠잔해 가는 꽃 같으니 화 있을진저 (28:1)

"에브라임의 술취한 자들"은 북이스라엘 백성들을 말하고, "교만한
면류관"은 사마리아 성을 말합니다. 북이스라엘 백성들은 견고한
사마리아 성을 의지했습니다. 북이스라엘 백성들은 하나님보다 사
마리아 성을 더 의지했습니다. 요새화된 사마리아 성 안에 있기만

하면, 어떤 공격으로부터도 안전하다고 생각했습니다. 그래서 하나님은 강한 군대를 통해 교만한 북이스라엘 백성들을 심판한다고 하십니다(2절). 실제로 사마리아는 앗수르 군대의 공격을 받고 멸망했습니다.

> 그날에 만군의 여호와께서 자기 백성의
> 남은 자에게 영화로운 면류관이 되시며
> 아름다운 화관이 되실 것이라 (28:5)

하나님께서 남은 자들에게 면류관이 되어 주신다고 합니다. "남은 자"는 끝까지 믿음을 지킨 자들을, "면류관"은 하나님의 구원을 말합니다. 사마리아 성을 의지한 자들은 멸망했지만, 하나님을 의지한 자들은 구원을 얻었습니다. 지금도 세상은 하나님을 의지하지 않습니다. 세상 사람들은 하나님을 의지하기보다 돈이나 힘 있는 사람을 더 의지합니다. 하지만 우리는 어떤 상황에서도 하나님을 의지하는 자가 되어야 합니다. 그러면 어떤 상황에서도 하나님의 도움을 경험할 것입니다.

> 그리하여도 이들은 포도주로 말미암아
> 옆 걸음 치며 독주로 말미암아 비틀거리며
> 제사장과 선지자도 독주로 말미암아 옆 걸음 치며
> 포도주에 빠지며 독주로 말미암아 비틀거리며
> 환상을 잘못 풀며 재판할 때에 실수하나니 (28:7)

남유다 백성들은 북이스라엘의 멸망을 보았습니다. 북이스라엘이 하나님을 떠난 결과, 앗수르에 의해 멸망하는 것을 보았습니다. 하지만 남유다 백성들은 북이스라엘의 멸망에서 아무것도 배우지 않았습니다. 남유다 백성들은 여전히 술에 취해 살았습니다. 하나님과 상관없는 삶을 살았습니다. 하나님께 돌아가지 않았습니다.

> 너희가 말하기를
> 우리는 사망과 언약하였고
> 스올과 맹약하였은즉
> 넘치는 재앙이 밀려올지라도
> 우리에게 미치지 못하리니
> 우리는 거짓을 우리의 피난처로 삼았고
> 허위 아래에 우리를 숨겼음이라 하는도다 (28:15)

남유다 백성들은 앗수르를 두려워하지 않았습니다. 사망과 스올이 자기 편이라고 생각했기 때문입니다. 여기서 사망과 스올은 애굽을 의미합니다. 남유다는 애굽과 군사 동맹을 맺었기 때문에 자신들이 안전할 것이라고 생각했습니다. 하지만 애굽은 남유다에게 아무 도움이 되지 않을 것입니다. 우리의 진정한 도움은 사람이 아니라 하나님에게서 온다는 사실을 잊지 말아야 합니다.

묵상

북이스라엘은 사마리아 성을 의지한 결과
어떻게 되었습니까?

_____

_____

_____

남유다 백성들은 북이스라엘의 멸망에서 무엇을 배웠습니까?

_____

_____

_____

기도

하나님. 세상은 돈과 사람을 의지합니다. 하지만 진정한 도움
은 돈이나 사람이 아니라 하나님에게서 온다는 사실을 믿습니
다. 저희가 항상 하나님만 의지할 수 있게 해 주세요. 예수님의
이름으로 기도합니다. 아멘.

5주

상한 갈대를 꺾지 아니하며
꺼져 가는 등불을 끄지 아니하고

이사야 42장 | 찬송가 370장. 주 안에 있는 나에게

> 내가 붙드는 나의 종, 내 마음에 기뻐하는 자
> 곧 내가 택한 사람을 보라 내가 나의 영을 그에게 주었은즉
> 그가 이방에 정의를 베풀리라 (42:1)

하나님께서 세상을 구원하시기 위해 한 종을 보내신다고 하십니다. 이 종은 하나님의 독생자, 예수 그리스도이십니다. 하나님은 약속하신 대로 예수님을 세상에 보내셔서 우리를 구원해 주셨습니다. 예수님을 종이라고 하는 이유는 하나님의 말씀에 온전히 순종하셨기 때문입니다. 예수님은 이 땅에 오신 이후에도 하나님의 말씀에 철저

하게 복종하셨습니다.

> 상한 갈대를 꺾지 아니하며
> 꺼져 가는 등불을 끄지 아니하고
> 진실로 정의를 시행할 것이며 (42:3)

예수님은 상한 갈대를 꺾지 않으시고, 꺼져 가는 등불을 끄지 아니하신다고 합니다. "상한 갈대"와 "꺼져 가는 등불"은 우리처럼 자격 없고 부족한 사람들을 의미합니다. 그러나 예수님은 우리가 부족하다고 비판하지 않으십니다. 자격 없다고 멀리하지도 않으십니다. 부족하기에 더 사랑해 주시고, 자격이 없기에 더 큰 은혜를 베풀어 주십니다.

> 네가 눈먼 자들의 눈을 밝히며
> 갇힌 자를 감옥에서 이끌어 내며
> 흑암에 앉은 자를 감방에서 나오게 하리라 (42:7)

예수님이 눈먼 자들의 눈을 밝히며, 갇힌 자를 감옥에서 이끌어 내신다고 합니다. "눈먼 자들"과 "갇힌 자"는 바로 우리를 의미합니다. 우리는 영적으로 눈이 멀어 있었습니다. 우리는 죄의 감옥에 갇혀 있었습니다. 예수님은 그런 우리에게 성령을 보내셔서 영적인 눈을 열어 주셨습니다. 예수님은 그런 우리 대신 십자가에서 죽으심으로, 우리를 죄의 감옥에서 구출해 주셨습니다.

> 항해하는 자들과 바다 가운데의 만물과 섬들과
> 거기에 사는 사람들아 여호와께 새 노래로 노래하며
> 땅 끝에서부터 찬송하라 (42:10)

이사야 선지자는 세상 모든 사람이 하나님을 찬양해야 한다고 말합니다. 그렇습니다. 하나님은 우리에게 예수님을 보내 주셨습니다. 예수님은 우리를 구원하시기 위해 철저하게 율법에 복종하셨고, 우리 대신 십자가에서 죽으셨습니다. 그러므로 우리는 마땅히 하나님을 찬양해야 합니다. 새 노래, 즉 새로운 마음으로 하나님을 찬양해야 합니다. 정결하고 거룩한 마음으로 하나님을 찬양해야 합니다.

묵상

하나님께서 보내신 종은 누구입니까?

_____

_____

_____

_____

왜 예수님을 종이라고 합니까?

_____

_____

_____

_____

_____

기도

하나님. 저희를 구원하기 위해 예수님을 보내 주셔서 감사합
니다. 예수님을 믿기만 하면 저희의 죄를 용서해 주시고, 저희
를 구원해 주셔서 감사합니다. 그 구원의 은혜를 늘 감사하며
찬양하는 삶이 되게 해 주세요. 예수님의 이름으로 기도합니
다. 아멘.

너는 두려워하지 말라
내가 너를 구속하였고

이사야 43장 | 찬송가 380장. 나의 생명 되신 주

> 야곱아 너를 창조하신 여호와께서 지금 말씀하시느니라
> 이스라엘아 너를 지으신 이가 말씀하시느니라
> 너는 두려워하지 말라 내가 너를 구속하였고
> 내가 너를 지명하여 불렀나니 너는 내 것이라 (43:1)

하나님께서 이스라엘에게 두려워하지 말라고 하십니다. 이스라엘은 하나님의 것이기 때문입니다. 비록 이스라엘이 죄를 짓고 부패했지만, 하나님은 이스라엘을 포기하지 않으실 것입니다. 이것이 하나님의 사랑입니다. 우리도 마찬가지입니다. 우리는 너무나 부족하

고 연약합니다. 하지만 하나님은 우리를 포기하지 않으십니다. 포기하지 않고 계속 사랑해 주십니다. 그렇기에 우리는 두려워할 필요가 없습니다. 우리는 영원히 하나님의 것입니다. 아무도 우리를 하나님의 사랑에서 끊을 수 없습니다.

> 네가 물 가운데로 지날 때에 내가 너와 함께 할 것이라
> 강을 건널 때에 물이 너를 침몰하지 못할 것이며
> 네가 불 가운데로 지날 때에 타지도 아니할 것이요
> 불꽃이 너를 사르지도 못하리니 (43:2)

하나님께서 우리를 보호하시되, 물 가운데서도 보호하시고 불 가운데서도 보호하신다고 합니다. 아무리 큰 어려움과 재앙이 찾아와도, 하나님은 우리를 완벽하게 보호하신다는 뜻입니다. 우리는 사는 동안 여러 가지 어려움을 겪습니다. 하지만 우리는 어떤 어려움에도 두려워하지 말아야 합니다. 하나님은 우리의 문제보다 더 크시기 때문입니다.

> 너희의 구속자요 이스라엘의 거룩한 이 여호와가 말하노라
> 너희를 위하여 내가 바벨론에 사람을 보내어
> 모든 갈대아 사람에게 자기들이 연락하던 배를 타고
> 도망하여 내려가게 하리라 (43:14)

하나님께서 바벨론을 심판하겠다고 하십니다. 그 이유는 하나님이 이스라엘의 구원자이시기 때문입니다. 실제로 하나님은 바벨론을 심판하셨습니다. 바벨론은 페르시아의 공격으로 멸망했고, 포로되었던 유대인들은 자유를 얻었습니다.

> 나 여호와가 이같이 말하노라
> 바다 가운데에 길을, 큰 물 가운데에
> 지름길을 내고 (43:16)

어떻게 하나님께서 바벨론을 심판하실 수 있을까요? 어떻게 하나님께서 이스라엘을 구원하실 수 있을까요? 그 이유는 하나님은 바다가운데 길을 내실 정도로 능력이 있으시기 때문입니다. 이것은 출애굽 때의 홍해 사건을 말합니다. 하나님은 이스라엘을 애굽에서 구원하셨고, 뒤따르는 애굽 군대 앞에서 홍해 바다를 가르셨습니다. 이스라엘은 바다를 육지처럼 건넜고, 추격하던 애굽 군대는 홍해에서 수장되었습니다. 우리의 구원이 확실한 것도 이것 때문입니다. 구원은 하나님의 능력에 달린 일입니다. 우리는 부족하지만, 하나님은 강하시기에, 하나님은 우리를 구원하는 일에 절대로 실패하지 않으십니다.

묵상

왜 하나님은 이스라엘에게 두려워하지 말라고 하십니까?

_____

_____

_____

_____

하나님께서 바벨론을 심판하실 수 있는 이유는 무엇입니까?

_____

_____

_____

_____

기도

하나님. 저희의 구원은 오직 하나님의 능력에 달려 있습니다. 저희의 구원은 오직 하나님의 은혜입니다. 하나님의 은혜를 기억하며, 하나님의 은혜를 찬양하는 삶 살게 해 주세요. 그 은혜를 전파하는 삶 살게 해 주세요. 예수님의 이름으로 기도합니다. 아멘.

너희는 정의를 지키며 의를 행하라

이사야 56장 | 찬송가 381장. 나 캄캄한 밤 죄의 길에

여호와께서 이와 같이 말씀하시기를
너희는 정의를 지키며 의를 행하라
이는 나의 구원이 가까이 왔고
나의 공의가 나타날 것임이라 하셨도다 (56:1)

하나님께서 정의를 행하라고 하십니다. 정의를 행하는 삶이란, 선을 행하고 악을 멀리하는 것입니다. 정의를 행해야만 구원을 받는 것은 아닙니다. 구원은 전적인 하나님의 은혜입니다. 하지만 구원 받은 사람은 정의를 행하는 삶을 살아야 합니다. 그것이 우리를 구원하신 하나님의 뜻이기 때문입니다.

> 안식일을 지켜 더럽히지 아니하며
>
> 그의 손을 금하여 모든 악을 행하지 아니하여야 하나니
>
> 이와 같이 하는 사람, 이와 같이 굳게 잡는 사람은
>
> 복이 있느니라 (56:2)

하나님께서 안식일을 지키는 자에게 복을 약속하십니다. 인간적인 눈으로 보면, 안식일을 지키는 것은 손해처럼 보입니다. 주일에 공부하는 대신 교회에 가는 것, 주일에 장사하는 대신 예배를 드리는 것은 우리에게 손해가 되는 것처럼 보입니다. 하지만 주일을 거룩하게 지키는 것은 절대 손해가 아닙니다. 주일을 거룩하게 지키는 자에게는 하나님의 복이 임하기 때문입니다.

> 내가 곧 그들을 나의 성산으로 인도하여
>
> 기도하는 내 집에서 그들을 기쁘게 할 것이며
>
> 그들의 번제와 희생을 나의 제단에서 기꺼이 받게 되리니
>
> 이는 내 집은 만민이 기도하는 집이라 일컬음이 될 것임이라 (56:7)

하나님의 집은 만민이 기도하는 집이라고 하십니다. 하나님의 백성들이 무엇에 힘써야 하는지를 알려 주는 말씀입니다. 하나님의 백성들은 함께 모여 기도해야 합니다. 하나님의 백성들은 함께 모여 기도하는 일에 시간을 사용해야 합니다. 우리는 함께 모였을 때 어떤 일에 시간을 사용합니까? 기도하는 시간을 헛된 일로 낭비하고 있지는 않습니까?

> 이 개들은 탐욕이 심하여 족한 줄을 알지 못하는 자들이요
>
> 그들은 몰지각한 목자들이라 다 제 길로 돌아가며
>
> 사람마다 자기 이익만 추구하며 (56:11)

하나님께서 개들을 비판하십니다. 놀랍게도 하나님께서 비판하시는 개들은 이스라엘의 지도자들입니다. 하나님께서 지도자들을 개라고 부르시는 이유는 무엇일까요? 지도자들이 자기 이익을 추구했기 때문입니다. 지도자들이 욕망에 사로잡힌 삶을 살았기 때문입니다. 우리도 마찬가지입니다. 만약 우리가 욕심과 욕망에 사로잡힌 삶을 산다면, 우리 역시 하나님의 정죄를 받을 것입니다.

묵상

왜 구원받은 사람은 정의를 행해야 합니까?

_____

_____

_____

왜 주일을 거룩하게 지키는 것은 손해가 아닙니까?

_____

_____

_____

_____

기도

하나님. 하나님은 저희를 세상에서 불러 주셨습니다. 세상에
속한 자에서 하나님께 속한 자가 되게 하셨습니다. 그러므로
정의로운 삶을 살게 해 주세요. 선을 행하고, 악을 멀리하는 삶
을 살게 해 주세요. 예수님의 이름으로 기도합니다. 아멘.

8주

그 사람은 내가 돌보려니와

이사야 66장 | 찬송가 384장. 나의 갈 길 다 가도록

> 무릇 마음이 가난하고 심령에 통회하며
> 내 말을 듣고 떠는 자 그 사람은 내가 돌보려니와 (66:2)

하나님께서 마음이 가난한 자를 돌보신다고 하십니다. 마음이 가난한 자는 자기 죄를 아는 사람입니다. 자기 죄를 알고 성실하게 회개하는 사람입니다. 하나님은 죄를 숨기는 사람이 아니라, 죄를 자백하는 사람을 사랑하십니다. 혹시 죄를 숨기고 있지 않습니까? 하나님께 숨김없이 우리의 죄를 자백합시다.

> 소를 잡아 드리는 것은 살인함과
> 다름이 없이 하고 어린 양으로 제사드리는 것은
> 개의 목을 꺾음과 다름이 없이 하며
> 드리는 예물은 돼지의 피와 다름이 없이 하고 (66:3)

하나님께서 겉과 속이 다른 자들을 비판하십니다. 백성들은 속으로는 살인을 생각하면서, 겉으로는 소와 양으로 제사를 드렸습니다. 사람이라면 속았겠지만, 하나님은 속지 않으십니다. 사람은 겉만 보지만, 하나님은 마음을 보시기 때문입니다. 우리는 어떤 마음으로 하나님을 예배하고 있습니까? 겉으로는 예배하는 것 같지만, 속으로는 헛된 것을 생각하고 있지는 않습니까?

> 때가 이르면 뭇 나라와 언어가 다른 민족들을 모으리니
> 그들이 와서 나의 영광을 볼 것이며 (66:18)

하나님께서 언젠가는 모든 나라와 민족이 하나님의 영광을 볼 것이라고 하십니다. 실제로 하나님의 복음은 온 세상으로 퍼져 나가고 있습니다. 모든 나라와 민족 가운데 교회가 세워지고 있습니다. 그리고 예수님이 다시 오시는 마지막 날에는, 한 사람도 빠짐없이 하나님의 영광을 보게 될 것입니다. 예수님을 믿지 않은 자들은 하나님의 심판하시는 영광을, 예수님을 믿은 자들은 하나님의 구원하시는 영광을 보게 될 것입니다.

> 그들이 나가서 내게 패역한 자들의 시체들을 볼 것이라
> 그 벌레가 죽지 아니하며 그 불이 꺼지지 아니하여
> 모든 혈육에게 가증함이 되리라 (66:24)

66번째 성경인 요한계시록이 최후의 심판을 말하는 것처럼, 이사야 66장도 최후의 심판을 말하고 있습니다. 하나님께서는 악인들이 꺼지지 않는 불 속에서 고통을 당할 것이라고 하십니다. 이 말씀처럼 예수님을 믿지 않고 악을 행한 자들은 지옥에서 영원한 형벌을 당할 것입니다. 하나님은 예수님을 믿는 자들에게는 사랑의 하나님이시지만, 예수님을 믿지 않는 자들에게는 심판의 하나님이십니다.

묵상

마음이 가난한 자는 어떤 사람을 말합니까?

_____

_____

_____

_____

이사야 66장의 주제는 무엇입니까?

_____

_____

_____

_____

_____

기도

하나님. 마지막 날에는 모든 사람이 하나님의 영광을 볼 것입니다. 마지막 날까지 저희의 믿음을 잘 지키게 해 주세요. 다시 오실 예수님을 기다리며 소망 가운데 살아가게 해 주세요. 예수님의 이름으로 기도합니다. 아멘.

일주일에 한 번,
온 가족 말씀 동행 프로젝트

예레미야

9주

너를 여러 나라의 선지자로 세웠노라

예레미야 1장 | 찬송가 390장. 예수가 거느리시니

요시야의 아들 유다의 왕 여호야김 시대부터
요시야의 아들 유다의 왕 시드기야의 십일년 말까지
곧 오월에 예루살렘이 사로잡혀 가기까지 임하니라 (1:3)

예레미야 선지자가 사역한 시기를 알려 주고 있습니다. 예레미야 선지자는 예루살렘이 사로잡혀 가기까지, 즉 남유다 왕국이 멸망할 때까지 사역했습니다. 예레미야 선지자는 백성들을 하나님께 돌아오게 하려고 노력했습니다. 백성들이 심판을 받지 않게 하려고 노력했습니다. 하지만 예레미야 선지자의 사역은 성공하지 못했습니다. 그러나 예레미야 선지자는 실패한 인생이 아닙니다. 예레미야 선지자는 하나님의 충성스러운 일꾼이었기 때문입니다. 결과와 상관없이 예레미야는 성공한 인생이요, 성공한 선지자입니다.

> 내가 너를 모태에 짓기 전에 너를 알았고
> 네가 배에서 나오기 전에 너를 성별하였고
> 너를 여러 나라의 선지자로 세웠노라 하시기로
> 내가 이르되 슬프도소이다 주 여호와여 보소서
> 나는 아이라 말할 줄을 알지 못하나이다 하니 (1:5-6)

하나님은 예레미야를 선지자로 부르셨습니다. 하지만 예레미야는 하나님의 부르심에 선뜻 응답하지 못했습니다. 선지자는 하나님을 대신해서 백성들에게 말씀을 전해야 하는데, 예레미야는 말을 잘하지 못했기 때문입니다. 하지만 예레미야는 선지자의 사역을 잘 감당했습니다. 하나님께서 도와주셨기 때문입니다. 우리도 마찬가지입니다. 우리가 하나님을 위해서 무언가를 시작하면, 하나님께서 도와주실 것입니다. 재능이 없다고 포기하지 말고, 하나님의 도움을 구하도록 합시다.

> 여호와의 말씀이 또 내게 임하니라 이르시되
> 예레미야야 네가 무엇을 보느냐 하시매 내가 대답하되
> 내가 살구나무 가지를 보나이다 여호와께서 내게 이르시되
> 네가 잘 보았도다 이는 내가 내 말을 지켜
> 그대로 이루려 함이라 하시니라 (1:11-12)

하나님은 예레미야 선지자에게 살구나무를 보여 주셨습니다. 히브리어에서 '살구나무'라는 단어는 '지켜보다'라는 단어에서 나왔습니

다. 따라서 살구나무 환상은 하나님께서 지켜보고 계심을 의미합니다. 하나님은 세상에서 멀리 계시지 않습니다. 하나님은 세상을 항상 지켜보십니다. 하나님은 세상을 지켜보시고, 세상 속에 개입하십니다. 그래서 하나님의 뜻은 실패하지 않습니다. 하나님께서 지켜보시고 개입하시기에, 하나님의 뜻은 항상 이루어집니다.

> 여호와의 말씀이 다시 내게 임하니라 이르시되
> 네가 무엇을 보느냐 대답하되 끓는 가마를 보나이다
> 그 윗면이 북에서부터 기울어졌나이다 하니
> 여호와께서 내게 이르시되 재앙이 북방에서 일어나
> 이 땅의 모든 주민들에게 부어지리라 (1:13-14)

하나님은 예레미야 선지자에게 끓는 가마 환상을 보여 주셨습니다. 끓는 물은 몹시 위험합니다. 따라서 이것은 백성들에게 임할 재앙을 보여 줍니다. 남유다 백성들이 하나님께 불순종하고 있기에, 그들은 곧 하나님의 재앙을 받게 될 것입니다.

묵상

예레미야는 언제까지 사역했습니까?

_____

_____

_____

_____

살구나무 환상이 의미하는 것은 무엇입니까?

_____

_____

_____

_____

_____

기도

하나님. 예레미야는 충성된 하나님의 종이었습니다. 하나님께 붙들린 실패하지 않은 인생을 살았습니다. 저희도 하나님께 충성하게 해 주세요. 저희의 인생을 하나님께 드리게 해 주세요. 예수님의 이름으로 기도합니다. 아멘.

10주

나의 백성은 그의 영광을
무익한 것과 바꾸었도다

예레미야 2장 | 찬송가 391장. 오 놀라운 구세주

가서 예루살렘의 귀에 외칠지니라
여호와께서 이와 같이 말씀하시기를
내가 너를 위하여 네 청년 때의 인애와
네 신혼 때의 사랑을 기억하노니
곧 씨 뿌리지 못하는 땅, 그 광야에서 나를 따랐음이니라 (2:2)

하나님께서 남유다 백성들에게 말씀하십니다. 하나님은 남유다 백성들이 광야에서 하나님을 따랐다고 하십니다. 이스라엘이 출애굽한 이후에 하나님께 충성했던 것을 상기시키는 말씀입니다. 하지만 지금은 정반대입니다. 과거에는 하나님께 충성했지만, 지금은 하나님을 떠나서 살고 있습니다.

> 내가 너희를 기름진 땅에 인도하여
> 그것의 열매와 그것의 아름다운 것을 먹게 하였거늘
> 너희가 이리로 들어와서는 내 땅을 더럽히고
> 내 기업을 역겨운 것으로 만들었으며 (2:7)

하나님은 이스라엘을 애굽에서 구원하셨습니다. 하나님은 이스라엘에게 가나안 땅을 선물로 주셨습니다. 이스라엘은 하나님께서 주신 땅에서 하나님을 섬겨야 했습니다. 하지만 이스라엘은 가나안에서 하나님을 섬기지 않았습니다. 이스라엘은 우상을 숭배함으로써, 하나님께서 주신 땅을 더럽혔습니다. 우리도 마찬가지입니다. 우리가 사는 목적은 하나님의 영광입니다. 만약 하나님의 영광을 위해 살지 않고 있다면, 우리는 하나님께서 주신 인생을 더럽히고 있는 것입니다.

> 어느 나라가 그들의 신들을 신 아닌 것과 바꾼 일이 있느냐
> 그러나 나의 백성은 그의 영광을 무익한 것과 바꾸었도다 (2:11)

하나님은 이방 나라와 이스라엘을 대조하십니다. 이방 나라들은 자신들의 신을 바꾸지 않았습니다. 이방 나라들은 실제로 존재하지 않는 거짓 신을 숭배하면서도 자신들의 신을 바꾸지 않았습니다. 그런데 이스라엘은 신을 바꾸었습니다. 살아 계신 하나님을 버리고, 존재하지 않는 거짓 신을 숭배했습니다. 참으로 어리석은 일입니다. 현대인들은 돈을 신처럼 생각합니다. 돈 때문에 하나님을 떠납니

다. 이것 역시 어리석은 일입니다. 돈은 신이 아닙니다. 진짜 신과 가짜 신을 바꾸어서는 안 됩니다.

> 내 백성이 두 가지 악을 행하였나니
> 곧 그들이 생수의 근원되는 나를 버린 것과
> 스스로 웅덩이를 판 것인데 그것은
> 그 물을 가두지 못할 터진 웅덩이들이니라 (2:13)

하나님께서 이스라엘이 악을 행했다고 하십니다. 이스라엘이 행한 악은 생수가 나오는 오아시스를 버린 것입니다. 여기서 오아시스는 하나님을 의미합니다. 하나님을 떠나는 것은 사막에서 오아시스를 떠나는 것과 같습니다. 결국에는 물을 먹지 못해 죽게 될 것입니다. 기억하십시오. 우리의 인생을 안전하게 지켜 주시는 분은 하나님밖에 없습니다. 하나님만이 이 세상과 다음 세상에서 우리의 보호자가 되십니다. 결코 하나님을 떠나서는 안 됩니다.

묵상

왜 하나님은 이스라엘이 가나안 땅을 더럽혔다고 하십니까?

_____

_____

_____

왜 하나님은 이스라엘이 오아시스를 떠났다고 하십니까?

_____

_____

_____

_____

기도

하나님. 이스라엘은 하나님을 떠났습니다. 그것은 사막에서
오아시스를 떠나는 것과 같은 무모하고 어리석은 행동입니다.
저희는 절대로 하나님을 떠나지 않게 해 주세요. 항상 하나님
께 충성하게 해 주세요. 하나님의 은혜 안에 살게 해 주세요.
예수님의 이름으로 기도합니다. 아멘.

너는 이 백성을 위하여 복을 구하지 말라

예레미야 14-15장 | 찬송가 401장. 주의 곁에 있을 때

가뭄에 대하여 예레미야에게 임한 여호와의 말씀이라 /
땅에 비가 없어 지면이 갈라지니
밭 가는 자가 부끄러워서
그의 머리를 가리는도다 (14:1, 4)

남유다 백성들은 하나님을 떠나 우상을 숭배했습니다. 하나님은 가
뭄으로 남유다 백성들을 벌하셨습니다. 남유다 백성들은 먹을 물은
물론이고, 농사지을 물과 가축을 기를 물도 구할 수 없었습니다. 바
로 이것이 하나님을 떠난 결과입니다. 사람들은 성공을 위해 하나님
을 떠나거나, 더 큰 이익을 위해 하나님을 떠납니다. 하지만 그 결과

는 비참할 뿐입니다.

> 여호와께서 또 내게 이르시되
> 너는 이 백성을 위하여
> 복을 구하지 말라 (14:11)

하나님은 예레미야 선지자에게, 남유다 백성들을 위해 복을 구하지
말라고 하셨습니다. 하나님을 떠난 자들에게 복은 어울리지 않기 때
문입니다. 우리도 마찬가지입니다. 하나님을 떠나 살면서 하나님의
복을 구하는 것은 어리석은 일입니다. 하나님께 죄를 지으면서 하나
님의 축복을 기대하는 것은 미련한 일입니다.

> 그러므로 내가 보내지 아니하였어도
> 내 이름으로 예언하여 이르기를
> 칼과 기근이 이 땅에 이르지 아니하리라 하는
> 선지자들에 대하여 여호와께서 이와 같이 말씀하셨노라
> 그 선지자들은 칼과 기근에 멸망할 것이요 (14:15)

하나님께서 거짓 선지자들에게 경고하십니다. 당시 남유다에는 예
레미야처럼 충성된 선지자들만 있었던 것이 아닙니다. 개인적인 이
익을 위해서라면, 거짓말도 서슴지 않는 거짓 선지자들도 있었습니
다. 거짓 선지자들은 하나님의 심판이 임하지 않을 것이라고 말했습
니다. 그 이유는 다음과 같습니다. 사람들은 심판에 대한 말보다 축
복에 대한 말을 더 좋아하기 때문입니다. 거짓 선지자들은 하나님
앞에서 충성된 사람이 되기보다 사람들에게 인기 있는 사람이 되기
를 원했습니다.

> 여호와께서 내게 이르시되 모세와 사무엘이
> 내 앞에 섰다 할지라도 내 마음은 이 백성을 향할 수 없나니
> 그들을 내 앞에서 쫓아 내보내라 (15:1)

예레미야는 남유다 백성들을 위해서 중보 기도했습니다. 하나님께서 남유다 백성들을 멸망시키지 않으시기를 기도했습니다. 하지만 하나님은 심판의 뜻을 돌이키지 않겠다고 하셨습니다. 심지어 모세와 사무엘이 중보 기도 할지라도 듣지 않겠다고 하셨습니다. 그러므로 우리는 하나님의 용서를 너무 쉽게 생각하지 말아야 합니다. 쉽게 죄를 짓고, 쉽게 회개하는 것은 하나님께서 원하시는 일이 아닙니다. 진정한 회개는 죄에서 돌이키는 것입니다. 입으로만 죄를 자백하고, 행동으로는 죄를 반복하는 사람은 하나님의 심판을 받게 될 것입니다.

묵상

왜 남유다 백성들은 물을 구하지 못했습니까?

_____

_____

_____

왜 하나님은 남유다 백성들을 위해 복을
구하지 말라고 하십니까?

_____

_____

_____

기도

하나님, 입으로만 회개하지 않고, 삶으로 회개하게 해 주세요.
입으로만 죄를 떠나는 것이 아니라, 행동으로 죄를 떠나게 해 주
세요. 하나님을 진노하게 하는 삶이 아니라, 하나님의 복을 받는
삶을 살게 해 주세요. 예수님의 이름으로 기도합니다. 아멘.

12주

그들이 듣고 혹시 각각
그 악한 길에서 돌아오리라

예레미야 26장 | 찬송가 405장. 주의 친절한 팔에 안기세

> 그들이 듣고 혹시 각각 그 악한 길에서 돌아오리라
> 그리하면 내가 그들의 악행으로 말미암아
> 그들에게 재앙을 내리려 하던 뜻을 돌이키리라 (26:3)

하나님의 말씀을 들어야 악한 길에서 돌아설 수 있습니다. 악한 길에서 돌아서야 하나님께서 내리시는 재앙을 피할 수 있습니다. 따라서 우리는 매일 말씀을 묵상해야 합니다. 말씀에서 우리의 죄를 발견해야 합니다. 죄를 짓는 삶에서 돌아서야 합니다. 그리할 때 하나님의 재앙이 아니라 하나님의 복을 받는 인생이 될 수 있습니다.

> 내가 이 성전을 실로 같이 되게 하고
>
> 이 성을 세계 모든 민족의 저줏거리가 되게 하리라
>
> 하셨느니라 (26:6)

하나님은 남유다 백성들에게 선지자들을 보내셨습니다. 선지자들을 통해 하나님의 말씀을 전해 주셨습니다. 하지만 남유다 백성들은 선지자들이 전해 주는 하나님의 말씀을 듣지 않았습니다. 결과적으로 남유다 백성들은 하나님의 재앙을 피하지 못했습니다. 예루살렘 성전은 무너졌고, 예루살렘 성은 폐허가 되었습니다. 예루살렘은 모든 민족이 조롱하는 도시가 되었습니다. 하나님의 말씀을 듣고 회개하지 않았기 때문입니다.

> 예레미야가 여호와께서 명령하신 말씀을
>
> 모든 백성에게 전하기를 마치매
>
> 제사장들과 선지자들과 모든 백성이
>
> 그를 붙잡고 이르되 네가 반드시 죽어야 하리라 (26:8)

예레미야는 하나님의 말씀을 전했습니다. 이대로 가다가는 남유다가 멸망한다고 외쳤습니다. 그러자 남유다 백성들은 예레미야를 죽이려고 했습니다. 남유다 백성들은 축복의 말을 듣기 원했지만, 예레미야가 전한 말은 재앙의 말이었기 때문입니다. 우리도 남유다 백성들처럼 행동할 때가 많습니다. 우리도 축복의 말씀에는 귀를 기울이고, 저주의 말씀은 멀리하려고 합니다. 하지만 반복해서 죄를 지으면서 하나님께 복을 받을 수는 없습니다. 만약 회개하지 않은 죄가 있다면, 속히 그 죄에서 돌아서야 합니다.

> 고관들과 모든 백성이 제사장들과 선지자들에게 이르되
> 이 사람이 우리 하나님 여호와의 이름으로
> 우리에게 말하였으니 죽일 만한 이유가 없느니라 (26:16)

예레미야는 하나님의 말씀을 전한 것 때문에 죽을 위기에 직면했습니다. 타락한 제사장들과 거짓 선지자들은 예레미야를 죽이려고 했습니다. 하지만 바로 그때 백성들이 예레미야를 살리기 위해 발 벗고 나섰습니다. 백성들은 하나님의 말씀을 전한 선지자를 죽여서는 안 된다고 주장했습니다. 이처럼 하나님은 자기 일꾼들을 내버려 두지 않으십니다. 하나님은 충성된 일꾼들을 지키십니다.

묵상

왜 남유다 백성들은 하나님의 재앙을 피하지 못했습니까?

_____

_____

_____

_____

왜 남유다 백성들은 예레미야를 죽이려고 했습니까?

_____

_____

_____

_____

기도

하나님. 하나님은 말씀을 통해 저의 죄를 알게 하십니다. 하나님께서 저의 죄를 알게 하실 때, 곧바로 회개하게 해 주세요. 악한 삶을 반성하고, 올바른 삶을 살게 해 주세요. 예수님의 이름으로 기도합니다. 아멘.

내가 그들을 그 조상들에게 준 땅으로 돌아오게 할 것이니

예레미야 30장 | 찬송가 406장. 곤한 내 영혼 편히 쉴 곳과

> 여호와의 말씀이니라 보라 내가 내 백성 이스라엘과
>
> 유다의 포로를 돌아가게 할 날이 오리니
>
> 내가 그들을 그 조상들에게 준 땅으로 돌아오게 할 것이니
>
> 그들이 그 땅을 차지하리라 여호와께서 말씀하시니라 (30:3)

하나님은 바벨론에 포로로 잡혀간 자들에게 말씀하셨습니다. 언젠가는 그들이 약속의 땅 가나안으로 다시 돌아오게 될 것이라고 말씀하셨습니다. 이처럼 하나님은 심판하신 후에 다시 회복하시는 분입니다. 심판하실 뿐만 아니라, 다시 회복시켜 주시는 하나님께 소망

을 두고 살아갑시다.

> 만군의 여호와의 말씀이라 그날에
> 내가 네 목에서 그 멍에를 꺾어 버리며
> 네 포박을 끊으리니 다시는 이방인을 섬기지 않으리라 (30:8)

하나님께서 포로가 된 자들에게 하신 말씀입니다. 하나님은 포로가 된 자들의 포박을 끊고 자유를 주실 것이라고 하셨습니다. 이 말씀처럼 이스라엘은 포로가 된 지 약 70년 만에 바벨론에서 자유를 얻었습니다. 이스라엘이 바벨론에서 해방될 것이라고 생각한 사람은 많지 않았습니다. 하지만 하나님은 바벨론을 망하게 하셨고, 이스라엘에게는 자유를 주셨습니다. 우리는 우리가 겪는 문제들을 아무도 해결할 수 없다고 생각할 때가 많습니다. 하지만 하나님은 우리의 문제보다 크십니다. 하나님이 해결하실 수 없는 문제는 없습니다.

> 내가 너와 함께 있어 너를 구원할 것이라 …
> 그러나 내가 법에 따라 너를 징계할 것이요
> 결코 무죄한 자로만 여기지는 아니하리라 (30:11)

하나님은 이스라엘을 구원하셨습니다. 하지만 법에 따라 징계하셨습니다. 우리도 마찬가지입니다. 하나님은 우리를 구원하셨습니다. 하지만 우리가 죄를 지을 때, 말씀에 따라 벌하실 것입니다. 한 번 구원받았으니, 마음대로 살아도 된다고 생각해서는 안 됩니다. 오히려 구원받았기 때문에 더욱 거룩하게 살아야 합니다. 만약 구원받은 사람답게 살지 않는다면, 하나님의 징계가 임할 것입니다.

> 여호와의 진노는 그의 마음의 뜻한 바를 행하여
> 이루기까지는 돌이키지 아니하나니
> 너희가 끝날에 그것을 깨달으리라 (30:24)

하나님의 사랑만 강조하는 사람들이 많습니다. 하지만 하나님은 사랑의 하나님이신 동시에, 진노하시는 하나님이십니다. 우리가 죄를 짓고 반성하지 않을 때, 하나님은 우리에게 진노하시고, 우리를 벌하십니다. 우리가 죄에서 돌아설 때까지 하나님의 진노는 사라지지 않을 것입니다. 반복적이고 습관적으로 짓는 죄가 있다면, 속히 그 죄에서 돌아서야 합니다. 그래야 진노의 하나님이 아니라, 사랑의 하나님을 만나게 될 것입니다.

묵상

포로 되었던 이스라엘은 약 몇 년 후에 약속의 땅으로
다시 돌아왔습니까?

구원받은 사람은 마음대로 살아도 됩니까?

기도

하나님. 저희를 구원해 주셔서 감사합니다. 구원받은 하나님
의 백성답게, 거룩하게 살아가게 해 주세요. 진노의 하나님을
경험하기보다 사랑의 하나님을 경험하며 살게 해 주세요. 예
수님의 이름으로 기도합니다. 아멘.

14주

보라 내가 이 성을 바벨론 왕의 손에 넘기리니

예레미야 34장 | 찬송가 407장. 구주와 함께 나 죽었으니

바벨론의 느부갓네살 왕과 그의 모든 군대와

그의 통치하에 있는 땅의 모든 나라와

모든 백성이 예루살렘과 그 모든 성읍을 칠 때에

말씀이 여호와께로부터 예레미야에게 임하여 이르시되(34:1)

바벨론 왕 느부갓네살의 군대가 예루살렘에 이르렀습니다. 이제 예루살렘의 멸망은 피할 수 없습니다. 우상을 숭배하며, 하나님을 떠난 결과입니다. 예루살렘 백성들은 하나님께서 자신들을 심판하지 않으신다고 생각했습니다. 착각이었습니다. 죄를 지으며 무사할 수는 없습니다.

> 이스라엘의 하나님 여호와께서 이와 같이 말씀하시니라
> 너는 가서 유다의 시드기야 왕에게 아뢰어 이르기를
> 여호와의 말씀에 보라 내가 이 성을 바벨론 왕의 손에 넘기리니
> 그가 이 성을 불사를 것이라 (34:2)

하나님께서 예레미야 선지자를 시드기야 왕에게 보내십니다. 왜 하나님은 타락한 왕에게 선지자를 보내실까요? 하나님은 시드기야의 회개를 원하시기 때문입니다. 비록 예루살렘의 멸망은 피할 수 없지만, 지금이라도 시드기야가 자기 죄를 깨닫기를 원하시기 때문입니다.

> 그러나 유다의 시드기야 왕이여 여호와의 말씀을 들으라
> 여호와께서 네게 대하여 이와 같이 말씀하시니라
> 네가 칼에 죽지 아니하고 평안히 죽을 것이며 (34:4-5)

하나님은 예레미야를 통해 시드기야에게 말씀하셨습니다. 지금이라도 회개하면, 평안한 죽음을 맞이한다고 하셨습니다. 하지만 시드기야는 끝까지 회개하지 않았습니다. 결국 시드기야는 비참한 죽음을 맞이했습니다. 시드기야는 두 눈이 뽑힌 상태로 바벨론에 끌려갔습니다.

> 그때에 바벨론의 왕의 군대가 예루살렘과
> 유다의 남은 모든 성읍들을 쳤으니
> 곧 라기스와 아세가라 유다의 견고한 성읍 중에
> 이것들만 남았음이더라 (34:7)

남유다 백성들은 예루살렘 성이 영원하리라고 생각했습니다. 예루살렘 성 안에 있기만 하면 영원히 안전하리라고 생각했습니다. 잘

못된 생각이었습니다. 남유다 백성들을 지켜 주신 분은 하나님이었지, 예루살렘 성이 아니었습니다. 지금껏 예루살렘이 안전했던 것은 하나님이 지켜 주셨기 때문이지, 예루살렘 성이 견고해서가 아니었습니다. 우리도 마찬가지입니다. 우리가 의지해야 할 분은 하나님이지, 돈이나 사람이 아닙니다.

묵상

왜 하나님은 타락한 시드기야 왕에게 예레미야를
보내셨습니까?

_____

_____

_____

왜 시드기야는 비참한 죽음을 맞이했습니까?

_____

_____

_____

기도

하나님. 하나님은 저희가 회개하기를 원하십니다. 날마다 저
희의 말과 행동을 점검하고, 타락한 삶에서 돌아서게 해 주세
요. 하나님의 말씀을 가까이하여 하나님과 늘 동행하며 살게
해 주세요. 예수님의 이름으로 기도합니다. 아멘.

15주

예레미야가 진창 속에 빠졌더라

예레미야 38장 | 찬송가 408장. 나 어느 곳에 있든지

> 그들이 예레미야를 끌어다가 감옥 뜰에 있는 왕의 아들
> 말기야의 구덩이에 던져 넣을 때에
> 예레미야를 줄로 달아내렸는데
> 그 구덩이에는 물이 없고 진창뿐이므로
> 예레미야가 진창 속에 빠졌더라 (38:6)

남유다 백성들은 예레미야를 죽이려고 했습니다. 그들은 예레미야를 물 없는 구덩이에 넣었습니다. 예레미야는 물 한 모금 먹지 못하고, 목마름 속에서 죽을 위기에 처했습니다. 남유다 백성들이 예레미야를 죽이려고 한 것은 예레미야가 하나님의 말씀을 전했기 때문

입니다. 이처럼 타락한 인간에게는 하나님의 말씀을 싫어하는 본성이 있습니다. 우리는 어떠합니까? 우리는 하나님의 말씀을 사랑합니까, 하나님의 말씀을 가까이하고 자주 묵상합니까?

> 에벳멜렉이 사람들을 데리고 왕궁 곳간 밑 방에 들어가서
> 거기에서 헝겊과 낡은 옷을 가져다가
> 그것을 구덩이에 있는 예레미야에게 밧줄로 내리며 …
> 그들이 줄로 예레미야를 구덩이에서 끌어낸지라 (38:11-13)

남유다 사람들은 예레미야를 죽이려고 했습니다. 예레미야는 같은 민족의 손에 죽게 되었습니다. 그때 놀라운 일이 일어났습니다. 구스 사람 에벳멜렉이 예레미야를 구한 것입니다. 이처럼 하나님의 역사는 우리의 상상을 초월합니다. 하나님은 우리가 전혀 생각하지 못한 방식으로 일하십니다. 우리가 보기에는 해결책이 없어도, 하나님은 문제를 해결하실 수 있습니다.

> 예레미야가 시드기야에게 이르되 만군의 하나님이신
> 이스라엘의 하나님 여호와께서 이와 같이 말씀하시되
> 네가 만일 바벨론의 왕의 고관들에게 항복하면
> 네 생명이 살겠고 이 성이 불사름을 당하지 아니하겠고
> 너와 네 가족이 살려니와 (38:17)

하나님은 예레미야를 통해 하나님의 뜻을 알려 주셨습니다. 하나님의 뜻은 시드기야의 항복이었습니다. 하나님은 시드기야가 바벨론에 항복하기를 원하셨습니다. 하지만 시드기야는 하나님의 뜻을 따르지 않았습니다. 시드기야는 바벨론에 항복하기를 원하지 않았기

때문입니다. 이처럼 시드기야는 하나님의 뜻보다 자신의 뜻을 더 중요하게 생각했습니다. 바로 이것이 시드기야와 남유다가 멸망한 이유입니다.

> 예레미야가 이르되 그 무리가
> 왕을 그들에게 넘기지 아니하리이다
> 원하옵나니 내가 왕에게 아뢴 바
> 여호와의 목소리에 순종하소서
> 그리하면 왕이 복을 받아 생명을 보전하시리이다 (38:20)

예레미야는 하나님의 말씀에 순종하는 것만이 생명을 보존하는 길임을 알았습니다. 그래서 예레미야는 시드기야 왕에게 간곡하게 호소했습니다. 하나님의 뜻대로 바벨론에 항복하라고 거듭해서 요청했습니다. 하지만 시드기야는 끝까지 하나님의 뜻에 순종하지 않았습니다. 우리는 시드기야의 실수를 반복해서는 안 됩니다. 하나님의 뜻에 순종하는 것만이 생명의 길이라는 사실을 잊어서는 안됩니다.

묵상

왜 남유다 백성들은 예레미야를 죽이려고 했습니까?

_____

_____

_____

_____

하나님은 구덩이에 빠진 예레미야를 어떻게 구원하셨습니까?

_____

_____

_____

_____

기도

하나님. 그 어떤 것보다 하나님의 뜻을 가장 중요하게 생각하
게 해 주세요. 우리 자신의 뜻을 내려놓고, 하나님의 뜻에 순종
하게 해 주세요. 하나님의 뜻을 따라 생명의 길을 걸어가게 해
주세요. 예수님의 이름으로 기도합니다. 아멘.

예루살렘이 함락되매

예레미야 39장 | 찬송가 412장. 내 영혼의 그윽히 깊은 데서

시드기야의 제십일년 넷째 달 아홉째 날에 성이 함락되니라
예루살렘이 함락되매 (39:2)

하나님은 예레미야 선지자를 통해 말씀하셨습니다. 우상을 숭배한 죄를 회개하라 하셨고, 바벨론에 항복하라 하셨습니다. 하지만 남유다의 시드기야 왕은 끝까지 하나님의 말씀을 듣지 않았습니다. 결과는 비참했습니다. 결국 예루살렘 성은 바벨론 군대에게 함락되었습니다.

> 유다의 시드기야 왕과 모든 군사가 그들을 보고 도망하되
> 밤에 왕의 동산 길을 따라 두 담 샛문을 통하여
> 성읍을 벗어나서 아라바로 갔더니 (39:4)

남유다의 시드기야 왕은 바벨론 군대를 보고 도망쳤습니다. 하나님은 시드기야가 바벨론에 항복하기를 원하셨는데, 하나님의 뜻을 어기고 도망쳤던 것입니다. 우리도 시드기야처럼 행동할 때가 많습니다. 하나님의 뜻보다 우리의 뜻을 더 중요하게 여길 때, 우리의 욕망을 위해 하나님의 말씀을 어길 때, 우리는 시드기야의 삶을 사는 것입니다.

> 바벨론의 왕이 립나에서 시드기야의 눈앞에서
> 그의 아들들을 죽였고 왕이 또 유다의 모든 귀족을 죽였으며
> 왕이 또 시드기야의 눈을 빼게 하고
> 바벨론으로 옮기려고 시슬로 결박하였더라 (39:6-7)

시드기야는 바벨론에 항복하지 않는 것이 더 좋다고 생각했습니다. 시드기야는 도망치는 것이 최선이라고 생각했습니다. 시드기야의 착각이었습니다. 결국 시드기야는 바벨론 군대에게 붙잡혔습니다. 바벨론 왕은 시드기야의 아들들을 죽였고, 남유다의 귀족들을 죽였으며, 시드기야의 두 눈을 뽑았습니다. 바로 이것이 하나님의 뜻을 어기고 자기 생각대로 살았던 시드기야의 최후였습니다.

> 바벨론의 느부갓네살 왕이 예레미야에 대하여
>
> 사령관 느부사라단에게 명령하여 이르되
>
> 그를 데려다가 선대하고 해하지 말며
>
> 그가 네게 말하는 대로 행하라 (39:11-12)

시드기야는 예레미야를 감옥에 가두었습니다. 하지만 하나님은 바벨론 왕의 손을 통해 예레미야를 감옥에서 건져 주셨습니다. 하나님은 예레미야를 보호하셨고, 예레미야의 억울함을 풀어 주셨습니다. 우리도 세상에서 억울한 일을 당할 때가 있습니다. 우리도 예레미야처럼 악인들에게 고통당할 때가 있습니다. 그때 하나님은 우리를 외면하지 않으실 것입니다. 에레미야를 건지신 하나님은 우리 또한 건져 주실 것입니다.

> 너는 가서 구스인 에벳멜렉에게 말하기를
>
> 만군의 여호와 이스라엘의 하나님의 말씀에
>
> 내가 이 성에 재난을 내리고 복을 내리지 아니하리라 한 나의 말이
>
> 그날에 네 눈앞에 이루리라 여호와의 말씀이니라
>
> 내가 그날에 너를 구원하리니
>
> 네가 그 두려워하는 사람들의 손에 넘겨지지 아니하리라 (39:16-17)

유대인들이 바벨론 군대에 죽임을 당하고, 포로로 끌려갈 때 하나님께서 말씀하셨습니다. 구스 사람 에벳멜렉은 구원하신다고 하셨습니다. 예전에 에벳멜렉이 예레미야를 도와주었기 때문입니다. 하나님은 우리의 선행을 잊지 않으십니다.

묵상

하나님의 뜻을 어기고 도망친 시드기야의 최후는
어떠했습니까?

_____

_____

_____

왜 하나님은 에벳멜렉을 구원해 주셨습니까?

_____

_____

_____

기도

하나님. 하나님의 말씀대로 사는 것이 가장 안전한 삶입니다.
저의 생각과 욕심을 내려놓고, 항상 하나님의 뜻을 따라 살아
가게 해 주세요. 예수님의 이름으로 기도합니다. 아멘.

일주일에 한 번,
온 가족 말씀 동행 프로젝트

에스겔

17주

그발 강가 사로잡힌 자 중에 있을 때에 하늘이 열리며

에스겔 1장 | 찬송가 419장. 주 날개 밑 내가 편안히 쉬네

> 서른째 해 넷째 달 초닷새에
> 내가 그발 강가 사로잡힌 자 중에 있을 때에
> 하늘이 열리며 하나님의 모습이 내게 보이니 (1:1)

에스겔서는 에스겔 선지자가 바벨론 땅에서 기록한 하나님의 말씀입니다. 에스겔 선지자는 30세가 되었을 때, 바벨론에 잡혀온 지 5년째가 되었을 때 선지자로 부름을 받았습니다. 주목할 것은 하나님께서 에스겔을 찾아오신 장소입니다. 하나님은 가나안 땅이 아니라, 바벨론 땅에서 에스겔을 찾아오셨습니다. 하나님은 자기 백성

이 있는 곳 어디나 함께하십니다. 온 우주 어디든 하나님은 항상 우리와 함께하십니다.

> 내가 보니 북쪽에서부터 폭풍과 큰 구름이 오는데
> 그 속에서 불이 번쩍번쩍하여 빛이 그 사방에 비치며
> 그 불 가운데 단 쇠 같은 것이 나타나 보이고 (1:4)

에스겔 선지자는 북쪽에서부터 불어오는 폭풍을 보았습니다. 대대로 북쪽은 이스라엘의 원수들이 사는 장소였습니다. 북이스라엘을 멸망시킨 앗수르, 남유다를 멸망시킨 바벨론은 모두 북쪽에서부터 쳐들어 왔습니다. 따라서 폭풍이 북쪽에서부터 불어온 것은 하나님께서 북쪽에 있는 이스라엘의 원수들을 심판하실 것을 의미합니다. 하나님은 원수들을 심판하심으로써 자기 백성들을 보호하십니다.

> 그 속에서 네 생물의 형상이 나타나는데
> 그들의 모양이 이러하니
> 그들에게 사람의 형상이 있더라 (1:5)

에스겔 선지자는 네 생물의 형상을 보았습니다. 네 생물은 각각 사람, 사자, 소, 독수리의 얼굴을 하고 있었습니다. 사람, 사자, 소, 독수리는 각각 피조물을 대표하는 동물입니다. 사람은 모든 피조물을 대표하고, 사자는 모든 들짐승을 대표하며, 소는 모든 가축을 대표하고, 독수리는 모든 하늘 짐승을 대표합니다. 따라서 에스겔이 보았던 네 생물 환상은 하나님이 모든 피조물의 통치자라는 사실을 의미합니다. 하나님은 세상 모든 피조물을 다스리시는 왕이십니다.

> 내가 그 생물들을 보니
> 그 생물들 곁에 있는 땅 위에는 바퀴가 있는데
> 그 네 얼굴을 따라 하나씩 있고 /
> 그 둘레는 높고 무서우며 그 네 둘레로 돌아가면서
> 눈이 가득하며 (1:15, 18)

에스겔 선지자는 바퀴 환상을 보았습니다. 바퀴가 달린 자동차는 어디든 달려갑니다. 따라서 바퀴 환상은 하나님께서 어디든 가신다는 것을 의미합니다. 그리고 바퀴에는 눈이 가득했습니다. 이것은 하나님께서 무엇이든 보신다는 것을 의미합니다. 우리가 어려움을 겪을 때, 하나님은 우리를 찾아오십니다. 우리가 힘든 시간을 보낼 때, 하나님은 우리를 보십니다. 그래서 우리는 항상 하나님께 기도해야 합니다. 하나님의 도움을 구해야 합니다.

묵상

북쪽에서부터 불어온 폭풍은 무엇을 의미합니까?

_____

_____

네 생물 환상은 무엇을 의미합니까?

_____

_____

바퀴 환상은 무엇을 의미합니까?

_____

_____

기도

하나님. 하나님은 온 세상의 통치자이십니다. 하나님은 우리를 돌보시는 보호자이십니다. 항상 하나님을 예배하고, 하나님께 기도하며 살아가게 해 주세요. 항상 함께하시는 하나님을 믿고 평안함 가운데 살게 해 주세요. 예수님의 이름으로 기도합니다. 아멘.

18주

제단문 어귀 북쪽에 그 질투의 우상이 있더라

에스겔 8장 | 찬송가 420장. 너 성결키 위해

주의 영이 나를 들어 천지 사이로 올리시고
하나님의 환상 가운데에 나를 이끌어 예루살렘으로 가서
안뜰로 들어가는 북향한 문에 이르시니
거기에는 질투의 우상 곧 질투를 일어나게 하는
우상의 자리가 있는 곳이라 (8:3)

하나님은 에스겔 선지자에게 환상을 보여 주셨습니다. 하나님께서
보여 주신 환상은 예루살렘 성전이었습니다. 이때 에스겔 선지자
는 충격적인 장면을 보았습니다. 하나님의 성전에 우상이 있었던
것입니다. 바로 이것이 예루살렘이 멸망한 이유입니다. 하나님이

있어야 할 자리에 우상이 있었던 것이, 예루살렘이 멸망한 이유였습니다.

> 그가 내게 이르시되 인자야 이제 너는 눈을 들어
> 북쪽을 바라보라 하시기로 내가 눈을 들어 북쪽을 바라보니
> 제단문 어귀 북쪽에 그 질투의 우상이 있더라 (8:5)

하나님은 에스겔 선지자에게 북쪽 문을 보여 주셨습니다. 북쪽 문은 제단이 있던 장소이고, 제단은 하나님께 제사를 드리던 장소입니다. 따라서 북쪽 문은 하나님을 예배했던 장소입니다. 그런데 하나님을 예배하던 장소에, 놀랍게도 우상이 있었습니다. 이처럼 남유다 백성들은 예배가 타락해 있었습니다. 예배가 타락했기에 하나님의 은혜를 받을 수 없었고, 하나님의 은혜가 사라졌기에 바벨론의 포로가 되었던 것입니다.

> 내가 들어가 보니 각양 곤충과 가증한 짐승과
> 이스라엘 족속의 모든 우상을 그 사방 벽에 그렸고
> 이스라엘 족속의 장로 중 칠십 명이 그 앞에 섰으며 (8:10-11)

하나님은 에스겔 선지자에게 이스라엘 장로 70명의 모습을 보여 주셨습니다. 이 70명은 이스라엘을 대표하는 자들로서, 이스라엘의 지도자였습니다. 그런데 이들은 우상을 숭배하고 있었습니다. 이처럼 남유다는 지도자들부터 타락해 있었습니다. 백성들을 올바른 길로 인도해야 할 지도자들이 타락하자, 남유다는 더 이상 개혁되지 못하고 멸망으로 치달았습니다.

> 그가 또 나를 데리고 여호와의 전으로 들어가는
> 북문에 이르시기로 보니 거기에 여인들이 앉아
> 담무스를 위하여 애곡하더라 (8:14)

하나님은 에스겔 선지자에게 여인들의 모습을 보여 주셨습니다. 여인들은 담무스를 예배하고 있었습니다. 담무스는 바벨론의 신입니다. 바벨론은 그 당시 최고 강대국이었습니다. 따라서 여인들인 담무스를 예배한 것은 이스라엘이 바벨론처럼 강한 나라가 되기를 바라는 마음 때문이었을 것입니다. 하지만 담무스는 이스라엘에게 아무런 도움이 되지 못했습니다. 오히려 담무스 숭배는 이스라엘을 멸망으로 이끌었습니다.

묵상

에스겔 선지자는 성전에서 무엇을 보았습니까?

_____

_____

_____

하나님보다 더 사랑하고 의지하는 것을 우상이라고 합니다.
우리의 우상은 무엇입니까?

_____

_____

_____

기도

하나님. 남유다가 멸망한 것은 군사력이 약하거나 경제력이
약해서가 아닙니다. 우상을 숭배했기 때문입니다. 우상을 숭
배하지 않게 해 주세요. 하나님을 가장 사랑하고, 하나님을 가
장 의지하게 해 주세요. 예수님의 이름으로 기도합니다. 아멘.

두로야 내가 너를 대적하여
여러 민족들이 와서 너를 치게 하리니

에스겔 26장 | 찬송가 423장. 먹보다도 더 검은

> 인자야 두로가 예루살렘에 관하여 이르기를
> 아하 만민의 문이 깨져서 내게로 돌아왔도다
> 그가 황폐하였으니 내가 충만함을 얻으리라 하였도다 (26:2)

두로는 예루살렘의 멸망을 기뻐했습니다. 그 당시 예루살렘은 "만민의 문"이라고 불릴 만큼 교통과 상업의 요지였기 때문입니다. 두로는 예루살렘이 멸망하면, 예루살렘의 자리를 자신이 대신 차지할 것이라고 생각했습니다. 두로가 새로운 교통과 상업의 요지가 될 것이라고 생각했습니다. 하지만 두로의 기대는 물거품이 될 것입니다. 두로는 교통과 상업의 요지가 되기는커녕, 하나님의 심판으로 멸망할 것이기 때문입니다. 우리도 두로처럼 행동할 때가 많습니다. 다른 사람의 고통을 기뻐할 때가 많습니다. 우리는 다른 사람의 고통을 기뻐할 것이 아니라, 함께 슬퍼하는 사람이 되어야 합니다. "즐거워하는 자들과 함께 즐거워하고 우는 자들과 함께 울라"(롬 12:15)

> 그러므로 주 여호와께서 이같이 말씀하셨느니라
> 두로야 내가 너를 대적하여 바다가 그 파도를 굽이치게 함같이
> 여러 민족들이 와서 너를 치게 하리니 (26:3)

하나님은 다른 민족들을 통해서 두로를 심판하겠다고 하십니다. 우리는 여기서 두 가지 사실을 알 수 있습니다. 첫째, 각 나라의 운명은 하나님께 달려 있다는 사실입니다. 나라가 망하고 흥하는 것은 하나님의 뜻입니다. 둘째, 하나님께서 모든 민족을 다스리신다는 사실입니다. 하나님은 모든 나라의 왕이십니다.

> 주 여호와께서 이같이 말씀하셨느니라
> 내가 왕들 중의 왕 곧 바벨론의 느부갓네살 왕으로 하여금
> 북쪽에서 말과 병거와 기병과 군대와 백성의
> 큰 무리를 거느리고 와서 두로를 치게 할 때에 (26:7)

고대에 두로는 가장 부유하고, 가장 아름다운 도시였습니다. 사람들은 두로의 부유함과 아름다움을 찬양하곤 했습니다. 하지만 두로의 부유함과 아름다움은 곧 사라지고 말 것입니다. 하나님께서 바벨론의 느부갓네살을 통해 두로를 심판하실 것이기 때문입니다. 이처

럼 하나님과 상관없는 부요함은 곧 사라지고 맙니다. 하나님과 상관
없는 것은 안개처럼 사라지고 맙니다. 지금 우리가 힘과 시간을 사
용하는 것들은 하나님과 상관있는 일입니까? 우리는 하나님을 위해
힘과 시간을 사용하고 있습니까?

> 그 때에 바다의 모든 왕이 그 보좌에서 내려
> 조복을 벗으며 수 놓은 옷을 버리고 떨림을 입듯 하고
> 땅에 앉아서 너로 말미암아 무시로 떨며 놀랄 것이며 (26:16)

두로가 멸망하는 모습을 보며, 모든 왕이 두려워 떨 것입니다. 두로
처럼 강한 나라가 멸망한다면, 자신들도 무사하지 못할 것이기 때문
입니다. 왕들도 두려워 떤다면, 일반인들은 어떨까요? 일반인들이
느끼는 두려움은 더 클 것입니다. 하지만 우리는 다릅니다. 하나님
이 우리의 안전을 지켜 주시기 때문입니다.

묵상

왜 두로는 예루살렘의 멸망을 기뻐했습니까?

_____

_____

_____

_____

하나님은 누구를 통해 두로를 심판하셨습니까?

_____

_____

_____

_____

기도

하나님. 하나님을 모르는 사람들은 자신의 힘으로 자신의 인생을 지켜야 하기에 늘 두려움과 걱정을 안고 살아갑니다. 저희는 하나님께 저희의 인생을 맡기게 해 주세요. 그리하여 늘 기뻐하고 감사하게 해 주세요. 예수님의 이름으로 기도합니다. 아멘.

20주

애굽의 바로 왕이여 내가 너를 대적하노라

에스겔 29장 | 찬송가 425장. 주님의 뜻을 이루소서

> 너는 말하여 이르기를 주 여호와께서
> 이같이 말씀하시되 애굽의 바로 왕이여
> 내가 너를 대적하노라 너는 자기의 강들 가운데에
> 누운 큰 악어라 스스로 이르기를 나의 이 강은 내 것이라
> 내가 나를 위하여 만들었다 하는도다 (29:3)

하나님께서 애굽을 심판하겠다고 하십니다. 그 이유는 애굽의 교만 때문입니다. 애굽의 왕은 자신이 나일강을 만들었다고 주장했습니다. 피조물에 불과한 애굽 왕이 자신을 창조주의 위치로 올린 것입니다. 교만은 하나님께서 가장 미워하시는 범죄입니다. 교만한 사람

은 하나님을 높이지 않고, 하나님께 순종하지도 않기 때문입니다. 우리는 어떠합니까? 우리의 부족함을 알고, 겸손한 삶을 살고 있습니까? 자신을 자랑하기보다 겸손하게 하나님을 높이고 있습니까?

> 너와 너의 강의 모든 고기를 들에 던지리니
> 네가 지면에 떨어지고 다시는 거두거나 모으지 못할 것은
> 내가 너를 들짐승과 공중의 새의 먹이로 주었음이라 (29:5)

하나님께서 애굽을 들에 던져 들짐승의 먹이로 만들겠다고 하십니다. 고대에 애굽은 세상에서 제일가는 강대국이었습니다. 지금도 남아 있는 피라미드와 스핑크스를 보면, 고대 애굽의 힘을 알 수 있습니다. 하지만 애굽이 아무리 강하다고 한들, 하나님께는 고기 조각에 지나지 않았습니다. 하나님께서 애굽을 심판하신 결과, 애굽은 바벨론의 먹이가 되고 말았습니다.

> 애굽의 모든 주민이 내가 여호와인 줄을 알리라
> 애굽은 본래 이스라엘 족속에게 갈대 지팡이라 (29:6)

하나님께서 애굽이 이스라엘의 갈대 지팡이라고 하십니다. 지팡이는 사람이 의지하는 도구입니다. 하지만 갈대로 만든 지팡이라면, 의지하는 순간 넘어지고 말 것입니다. 이스라엘에게 애굽이 그와 같았습니다. 이스라엘은 하나님을 의지하는 대신 애굽을 의지했습니다. 하나님의 도움을 구하는 대신, 애굽의 군대를 구했습니다. 그 결과 이스라엘은 멸망하고 말았습니다. 우리는 무엇을 의지하고 있습니까? 사람도 돈도 우리에게 꼭 필요합니다. 하지만 그것들이 하나님을 대신해서는 안 됩니다. 우리가 가장 의지해야 할 분은 하나님

이라는 사실을 잊지 말아야 합니다.

> 애굽 땅이 사막과 황무지가 되리니
> 내가 여호와인 줄을 그들이 알리라
> 네가 스스로 이르기를 이 강은 내 것이라
> 내가 만들었다 하도다 (29:9)

한때 애굽은 세상에서 가장 강한 나라였습니다. 고대에 애굽은 세상에서 가장 부유한 나라였습니다. 하지만 하나님은 애굽을 약소국으로 만드셨습니다. 이처럼 세상에는 영원한 것이 없습니다. 시간이 지나면 변합니다. 하지만 하나님은 변하시지 않습니다. 하나님은 영원토록 동일하십니다. 하나님은 우리가 변함없이 의지할 수 있는 분이십니다.

묵상

왜 하나님은 애굽을 심판하겠다고 하십니까?

_____

_____

_____

애굽이 이스라엘의 갈대 지팡이라는 것은 어떤 의미입니까?

_____

_____

_____

_____

기도

하나님. 하나님만이 영원토록 강하십니다. 하나님만이 한결같
이 우리의 도움이 되십니다. 저희가 하나님만을 의지하는 삶
을 살게 해 주세요. 우리의 부족함을 알고, 겸손하게 살아가게
해 주세요. 예수님의 이름으로 기도합니다. 아멘.

21주

나는 악인이 죽는 것을 기뻐하지 아니하고 악인이 사는 것을 기뻐하노라

에스겔 33장 | 찬송가 428장. 내 영혼에 햇빛 비치니

> 그런즉 인자야 너는 이스라엘 족속에게 이르기를
> 너희가 말하여 이르되 우리의 허물과 죄가
> 이미 우리에게 있어 우리로 그 가운데에서 쇠퇴하게 하니
> 어찌 능히 살리요 하거니와 (33:10)

마침내 예루살렘이 멸망했습니다. 바벨론 포로가 된 유대인들은 예루살렘으로 돌아갈 날만 손꼽아 기다리고 있었습니다. 그런데 예루살렘이 멸망해 버렸으니, 이제 유대인들은 돌아갈 고향마저 잃어버렸습니다. 하지만 유대인들이 예루살렘 멸망을 통해 깨닫게 된 것이

있었습니다. 유대인들은 예루살렘 멸망을 통해 자신들의 죄를 알게 되었습니다. "우리의 허물과 죄가 이미 우리에게 있어"라는 고백은, 유대인들이 자신들의 죄를 심각하게 생각하게 되었음을 보여 줍니다. 바로 이것이 희망이고 은혜입니다. 하나님은 자신들의 죄를 인정하는 유대인들에게 은혜를 베풀어 주실 것입니다.

> 너는 그들에게 말하라 주 여호와의 말씀이니라
> 나의 삶을 두고 맹세하노니 나는 악인이 죽는 것을
> 기뻐하지 아니하고 악인이 그의 길에서 돌이켜
> 떠나 사는 것을 기뻐하노라 이스라엘 족속아 돌이키고 돌이키라
> 너희 악한 길에서 떠나라 어찌 죽고자 하느냐 하셨다 하라 (33:11)

하나님은 악한 자에게는 벌을 내리시고, 선한 자에게는 복을 주십니다. 그런데 하나님은 악한 자가 심판받는 것을 기뻐하지 않으십니다. 하나님께서 원하시는 것은 악한 자가 죄에서 돌이켜 복을 받는 것입니다. 하나님께서 우리에게 원하시는 것도 마찬가지입니다. 하나님은 우리에게 복 주시기를 원하십니다. 그러기 위해서 우리는 죄에서 돌이켜야 합니다. 악한 삶에서 돌아서야 합니다.

> 인자야 너는 네 민족에게 이르기를
> 의인이 범죄하는 날에는 그 공의가 구원하지 못할 것이요
> 악인이 돌이켜 그 악에서 떠나는 날에는
> 그 악이 그를 엎드러뜨리지 못할 것인즉
> 의인이 범죄하는 날에는 그 의로 말미암아 살지 못하리라 (33:12)

과거에 선을 행했더라도 지금 악을 행하면 하나님의 심판을 받습니

다. 과거에 악을 행했더라도 지금 선을 행하면 하나님의 복을 받습니다. 지금이 중요합니다. 지금 죄를 회개하고, 지금 선을 행해야 합니다.

> 그가 본래 범한 모든 죄가 기억되지 아니하리니
> 그가 반드시 살리라 이는
> 정의와 공의를 행하였음이라 하라 (33:16)

우리가 진심으로 회개하면, 하나님은 우리의 모든 죄를 용서해 주십니다. 하나님은 우리가 과거에 지은 죄를 기억하지 않으십니다. 그런데 회개를 죄의 자백 정도로 생각해서는 안 됩니다. 회개란 죄를 자백하는 정도가 아니라, 죄에서 돌아서는 것입니다. 죄를 짓는 삶에서 선을 행하는 삶으로 돌아서는 것입니다. 나 중심적인 삶에서 하나님 중심적인 삶으로 돌아서는 것입니다.

묵상

유대인들은 예루살렘 멸망을 통해 무엇을 알게 되었습니까?

_____

_____

_____

하나님은 악한 자가 어떻게 되기를 원하십니까?

_____

_____

_____

기도

하나님. 하나님은 저희가 죄에서 돌이켜 살기를 원하십니다. 죄를 버리고 선을 행하는 삶을 살게 해 주세요. 하나님께 벌을 받지 않고, 복을 받는 삶을 살게 해 주세요. 나 중심적인 삶이 아니라 하나님 중심적인 삶을 살게 해 주세요. 예수님의 이름으로 기도합니다. 아멘.

22주

자기만 먹는 이스라엘 목자들은 화 있을진저

에스겔 34장 | 찬송가 429장. 세상 모든 풍파 너를 흔들어

여호와의 말씀이 내게 임하여 이르시되

인자야 너는 이스라엘 목자들에게 예언하라

그들 곧 목자들에게 예언하여 이르기를

주 여호와께서 이같이 말씀하시되

자기만 먹는 이스라엘 목자들은 화 있을진저

목자들이 양 떼를 먹이는 것이 마땅하지 아니하냐(34:1-2)

하나님께서 이스라엘의 지도자들에게 심판을 선언하십니다. 이스라엘의 지도자들이 백성들을 돌보지 않고, 자기 살길만 찾았기 때문입니다. 하나님 앞에서 진정한 지도자는 자신을 희생하는 사람입니

다. 자신을 희생하여 이웃을 살리는 사람입니다. 이웃을 위해 자신의 것을 내어놓는 사람입니다.

> 너희가 살진 양을 잡아 그 기름을 먹으며
> 그 털을 입되 양 떼는 먹이지 아니하는도다 (34:3)

하나님께서 지도자들의 죄를 구체적으로 지적하십니다. 이스라엘의 지도자들은 살진 양을 잡아서 먹었습니다. 하지만 굶주리고 있는 백성들은 돌보지 않았습니다. 우리는 어떠합니까? 굶주리는 이웃들, 어려움을 겪는 이웃들을 생각하고 있습니까?

> 너희가 그 연약한 자를 강하게 아니하며
> 병든 자를 고치지 아니하며 상한 자를 싸매 주지 아니하며
> 쫓기는 자를 돌아오게 하지 아니하며 잃어버린 자를 찾지 아니하고
> 다만 포악으로 그것들을 다스렸도다 (34:4)

이스라엘의 지도자들은 약한 자를 강하게 하지 않았습니다. 병든 자를 고쳐 주지 않았습니다. 쫓겨난 자를 데려오지 않았습니다. 잃어버린 자를 찾지 않았습니다. 대신 포악으로 백성들을 다스렸습니다. 힘으로 다스리고, 폭력으로 다스렸습니다. 이제 그 대가를 치를 때가 되었습니다. 백성들을 심판했던 지도자들은 이제 하나님의 심판을 받게 될 것입니다.

> 주 여호와께서 이같이 말씀하셨느니라
>
> 나 곧 내가 내 양을 찾고 찾되 목자가
>
> 양 가운데에 있는 날에 양이 흩어졌으면
>
> 그 때를 찾는 것 같이 내가 내 양을 찾아서
>
> 흐리고 캄캄한 날에 그 흩어진 모든 곳에서
>
> 그것들을 건져낼지라 (34:11-12)

이스라엘의 지도자들은 백성들을 버렸습니다. 하지만 하나님은 백성들을 버리지 않으셨습니다. 하나님은 길 잃은 양들을 찾아가셨고, 버림받은 백성들을 돌보아 주셨습니다. 사람들은 우리를 버릴 수 있습니다. 하지만 하나님은 절대로 우리를 버리지 않으십니다. 아무도 우리를 하나님의 사랑에서 끊을 수 없습니다. "높음이나 깊음이나 다른 어떤 피조물이라도 우리를 우리 주 그리스도 예수 안에 있는 하나님의 사랑에서 끊을 수 없으리라"(롬 8:39).

> 내가 한 목자를 그들 위에 세워 먹이게 하리니
>
> 그는 내 종 다윗이라 그가 그들을 먹이고 그들의 목자가 될지라
>
> 나 여호와는 그들의 하나님이 되고
>
> 내 종 다윗은 그들 중에 왕이 되리라
>
> 나 여호와의 말이니라 (34:23-24)

하나님께서 자기 백성들에게 참된 목자를 주신다고 하십니다. 그는 다윗이라고 하십니다. 이것은 예수님에 대한 말씀입니다. 다윗의 후손으로 오신 예수님은 우리를 기르시는 참된 목자이십니다.

묵상

하나님 앞에서 진정한 지도자는 어떤 사람입니까?

_____

_____

_____

하나님께서 약속하신 참된 목자는 누구입니까?

_____

_____

_____

_____

기도

하나님. 예수님은 저희를 기르시는 참된 목자이십니다. 예수님의 돌봄을 받으며, 예수님의 가르침대로 살아가며, 예수님의 삶을 본받게 해 주세요. 예수님의 이름으로 기도합니다. 아멘.

23주

세일 산아 내가 너를 황무지가 되게 할지라

에스겔 35장 | 찬송가 430장. 주와 같이 길 가는 것

이르기를 주 여호와께서 이같이 말씀하시되
세일 산아 내가 너를 대적하여 내 손을 네 위에 펴서
네가 황무지와 공포의 대상이 되게 할지라 (35:3)

에돔 민족은 세일 지방에 살았습니다. 따라서 "세일 산"은 에돔 민족을 말합니다. 하나님은 에돔 민족을 황무지로 만든다고 하셨습니다. 그 이유는 바벨론이 예루살렘을 침공할 때, 에돔이 바벨론의 조력자가 되었기 때문입니다. 바벨론과 에돔의 합동 공격으로 결국 예루살렘은 멸망하고 말았습니다. 하지만 그것으로 끝나지 않았습니다. 하나님께서 이스라엘을 대신해서 에돔을 심판하실 것이기 때문

입니다. 실제로 에돔은 하나님의 심판을 받아 역사 속에서 사라졌습니다.

> 그러므로 주 여호와의 말씀이니라
> 내가 나의 삶을 두고 맹세하노니
> 내가 너에게 피를 만나게 한즉 피가 너를 따르리라
> 네가 피를 미워하지 아니하였은즉 피가 너를 따르리라 (35:6)

하나님은 에돔 민족이 피를 만날 것이라고 하셨습니다. 이것은 하나님의 심판을 말합니다. 하나님께서 이스라엘 대신 에돔을 공격하실 것을 말합니다. 이처럼 하나님은 우리 대신 심판하시는 분입니다. 우리 대신 원수 갚으시는 분입니다. 원수 갚는 것은 우리의 역할이 아닙니다. 원수 갚는 일은 하나님께 맡겨야 합니다. "내 사랑하는 자들아 너희가 친히 원수를 갚지 말고 하나님의 진노하심에 맡기라 기록되었으되 원수 갚는 것이 내게 있으니 내가 갚으리라고 주께서 말씀하시니라"(롬 12:19)

> 너를 영원히 황폐하게 하여 네 성읍들에
> 다시는 거주하는 자가 없게 하리니
> 내가 여호와인 줄을 너희가 알리라 (35:9)

하나님은 에돔을 심판하는 것을 통해 자신을 알린다고 하셨습니다. 이처럼 심판은 하나님께서 자신을 알리시는 도구입니다. 지금도 하나님은 심판을 통해 자신을 알리십니다. 악한 자들이 멸망하는 것은 하나님께서 심판하셨기 때문입니다. 악인들의 악행이 드러나는 것은 하나님께서 심판하셨기 때문입니다.

> 이스라엘 족속의 기업이 황폐하므로
> 네가 즐거워한 것같이 내가 너를 황폐하게 하리라
> 세일 산아 너와 에돔 온 땅이 황폐하리니
> 내가 여호와인 줄을 무리가 알리라 하셨다 하라 (35:15)

에돔은 이스라엘의 멸망을 보며 즐거워했습니다. 그 결과 에돔은 하나님의 심판을 받았습니다. 하나님은 우리가 이웃의 고통을 보며 즐거워하기를 원하지 않으십니다. 하나님은 우리가 우는 자들과 함께 울고, 웃는 자들과 함께 웃기를 원하십니다. "즐거워하는 자들과 함께 즐거워하고 우는 자들과 함께 울라"(롬 12:15).

묵상

왜 하나님은 에돔을 황무지로 만든다고 하셨습니까?

_____

_____

_____

원수 갚는 것은 누구의 일입니까?

_____

_____

_____

기도

하나님. 심판하는 것은 저희의 역할이 아니라 하나님의 역할입니다. 원수 갚는 것을 하나님께 맡기게 해 주세요. 복수심과 증오심을 내려놓게 해 주세요. 너그러운 마음과 사랑의 마음을 품게 해 주세요. 예수님의 이름으로 기도합니다. 아멘.

내가 너희 위에 사람과 짐승을 많게 하되

에스겔 36장 | 찬송가 435장. 나의 영원하신 기업

주 여호와께서 이같이 말씀하시기를
내가 진실로 내 맹렬한 질투로 남아 있는
이방인과 에돔 온 땅을 쳐서 말하였노니
이는 그들이 심히 즐거워하는 마음과 멸시하는 심령으로
내 땅을 빼앗아 노략하여 자기 소유를 삼았음이라 (36:5)

이방 나라들은 이스라엘을 침략했습니다. 특히 바벨론은 이스라엘을 약탈하고, 백성들을 포로로 잡아갔습니다. 바벨론은 이스라엘을 침략하면서 매우 즐거워했습니다. 하지만 이제 상황이 반전될 것입니다. 하나님께서 이방 나라들을 심판할 것이기 때문입니다. 실제

로 바벨론은 페르시아의 공격을 받고 멸망했습니다. 하나님의 나라를 위협하는 자들과 하나님의 백성들을 공격하는 자들은 바벨론과 같이 하나님의 심판을 받을 것입니다.

> 그러므로 주 여호와께서 이같이 말씀하시기를
> 내가 맹세하였은즉 너희 사방에 있는 이방인이
> 자신들의 수치를 반드시 당하리라 (36:7)

이방인들이 자기들의 수치를 반드시 당할 것이라고 합니다. 이것은 하나님께서 이방인들의 죄를 심판하신다는 뜻입니다. 하나님은 사랑하는 자기 백성들도 엄중하게 심판하시는 분입니다. 따라서 하나님의 심판을 피할 수 있는 사람은 아무도 없습니다. 하나님을 모르는 세상 사람들은 하나님을 두려워하지 않고 마음껏 죄를 짓습니다. 그들은 반드시 하나님의 심판을 받게 될 것입니다.

> 그러나 너희 이스라엘 산들아 너희는 가지를 내고
> 내 백성 이스라엘을 위하여 열매를 맺으리니
> 그들이 올 때가 가까이 이르렀음이라 (36:8)

이방인들에게 심판을 선언하신 하나님께서 이스라엘에게는 복을 약속하십니다. 하나님은 세상 사람들에게 심판의 하나님으로 찾아가시지만, 하나님의 백성에게는 사랑의 하나님으로 찾아가십니다. 바로 이것이 우리의 특권입니다. 그렇다고 해서 하나님이 우리의 죄에 침묵하시는 것은 아닙니다. 하나님은 우리의 죄도 반드시 심판하십니다. 하지만 하나님은 우리를 심판하실 때조차도 자비로우십니다. 하나님의 심판은 우리를 죽이기 위한 심판이 아니라, 우리를 살리기 위한 심판입니다.

> 내가 너희 위에 사람과 짐승을 많게 하되
> 그들의 수가 많고 번성하게 할 것이라
> 너희 전 지위대로 사람이 거주하게 하여
> 너희를 처음보다 낫게 대우하리니
> 내가 여호와인 줄을 너희가 알리라 (36:11)

하나님께서 이스라엘에게 복을 주신다고 하십니다. 지금 이스라엘
은 바벨론의 포로입니다. 지금 이스라엘은 고향을 떠나 머나먼 이국
땅에서 포로로 살고 있습니다. 하지만 하나님은 때가 되면 이스라엘
을 회복시켜 주실 것입니다. 이스라엘을 다시 가나안으로 돌려보낼
것이고, 이스라엘이 다시 예전과 같은 풍요를 누리게 하실 것입니
다. 이것이 우리의 소망입니다. 우리가 어떤 상황에 있든지, 하나님
은 우리에게 복을 주실 수 있습니다. 하나님은 우리의 상황을 반전
시켜 주실 수 있습니다.

묵상

이방인들이 수치를 당한다는 말은 어떤 뜻입니까?

_____

_____

_____

하나님께서 자기 백성을 심판하시는 목적은 무엇입니까?

_____

_____

_____

_____

기도

하나님. 하나님은 우리를 심판하실 때조차도 자비로우십니다. 하나님의 징계를 받게 되더라도 하나님을 원망하지 않게 해 주세요. 항상 하나님을 신뢰하고, 어려운 상황에서도 하나님께만 소망을 두게 해 주세요. 예수님의 이름으로 기도합니다. 아멘.

일주일에 한 번,
온 가족 말씀 동행 프로젝트

다니엘

다니엘은 뜻을 정하여

다니엘 1장 | 찬송가 438장. 내 영혼이 은총 입어

> 유다 왕 여호야김이 다스린 지 삼 년이 되는 해에
> 바벨론 왕 느부갓네살이 예루살렘에 이르러 성을 에워쌌더니 (1:1)

바벨론이 이스라엘을 점령했습니다. 이 사건은 사람들이 보기에 바벨론의 신이 이스라엘의 하나님을 이긴 것처럼 보였습니다. 하지만 이스라엘의 패배는 하나님의 패배가 아니었습니다. 이스라엘의 패배조차도 하나님께서 하신 일이었기 때문입니다. 이제부터 하나님은 바벨론을 심판하시기 시작할 것입니다. 그리하여 하나님은 절대로 패배하지 않으신다는 사실을 보여 주실 것입니다.

> 또 왕이 지정하여 그들에게 왕의 음식과
> 그가 마시는 포도주에서 날마다 쓸 것을 주어
> 삼 년을 기르게 하였으니 그 후에 그들은
> 왕 앞에 서게 될 것이더라 (1:5)

바벨론 왕은 이스라엘의 청년 중에서 탁월한 사람들을 자신의 신하로 삼으려고 했습니다. 바벨론 왕은 후보자들에게 바벨론의 음식과 포도주를 제공했습니다. 이때 제공된 음식 중에는 율법이 금지하는 음식이 있었을 것이 분명합니다. 지금은 폐지되었지만, 구약 시대에는 돼지나 토끼 같은 짐승들은 부정한 것으로 규정되어 먹을 수 없었습니다.

> 다니엘은 뜻을 정하여 왕의 음식과
> 그가 마시는 포도주로 자기를 더럽히지 아니하리라 하고
> 자기를 더럽히지 아니하도록 환관장에게 구하니 (1:8)

다니엘은 율법이 금지하는 음식을 먹지 않았습니다. 다니엘은 바벨론 왕의 명령보다 하나님의 말씀을 더 중요하게 생각했습니다. 이것은 다니엘에게 믿음이 있었기 때문입니다. 다니엘은 바벨론의 왕보다 하나님이 더 높으신 분임을 믿었습니다. 바벨론의 왕조차 하나님의 통치를 받는 인간에 지나지 않음을 믿었습니다. 그래서 다니엘은 왕의 명령을 어길지라도, 하나님의 말씀만은 어기지 않으려고 노력했습니다.

다니엘은 왕이 제공한 음식을 거절했습니다. 이것은 왕의 권위에 도전한 것이나 마찬가지입니다. 만약 왕이 이 사실을 알게 된다면, 다니엘은 사형을 당할 수도 있었습니다. 하지만 다니엘은 생명을 보존할 수 있었습니다. 하나님께서 은혜를 베푸셨기 때문입니다. 하나님은 바벨론 관리들의 마음을 움직이셔서, 다니엘을 안전하게 지켜주셨습니다. 이처럼 하나님은 모든 사람을 통치하시는 왕이십니다. 바벨론의 왕과 신하들까지도 하나님의 다스림 안에 있었습니다. 따라서 우리가 가장 중요하게 생각해야 하는 것은 하나님의 말씀입니다. 힘과 권세를 가진 사람이라고 해서, 하나님보다 더 중요하게 생각해서는 안 됩니다.

묵상

왜 다니엘은 왕이 제공한 음식을 거절했습니까?

왜 다니엘은 왕의 명령을 어기고도 안전할 수 있었습니까?

기도

하나님. 우리의 눈에 소망이 보이지 않을 때가 있습니다. 하지만 그때도 하나님께서 일하고 계심을 믿습니다. 절망 속에서도 소망을 가지는 믿음을 주세요. 믿음의 눈으로 하나님을 바라볼 수 있게 해 주세요. 하나님의 뜻을 바라보게 해 주세요. 예수님의 이름으로 기도합니다. 아멘.

26주

오직 은밀한 것을 나타내실 이는
하늘에 계신 하나님이시라

다니엘 2장 | 찬송가 439장. 십자가로 가까이

> 느부갓네살이 다스린 지 이 년이 되는 해에
> 느부갓네살이 꿈을 꾸고 그로 말미암아
> 마음이 번민하여 잠을 이루지 못한지라 (2:1)

느부갓네살은 꿈을 꾸었습니다. 느부갓네살의 꿈은 하나님께서 주신 꿈이었습니다. 하나님은 꿈을 통해 앞으로 일어날 일들을 느부갓네살에게 알려 주셨습니다. 아마 느부갓네살은 자신의 손에 나라들의 운명이 달려 있다고 믿었을 것입니다. 느부갓네살이 수많은 나라를 정복했기 때문입니다. 하지만 나라들의 운명은 하나님의 손에 달려 있습니다. 이제 느부갓네살은 자신의 꿈을 통해 그 사실을 알게 될 것입니다.

> 갈대아인들이 왕 앞에 대답하여 이르되
> 세상에는 왕의 그 일을 보일 자가 한 사람도 없으므로
> 어떤 크고 권력 있는 왕이라도 이런 것으로
> 박수에게나 술객에게나 갈대아인들에게
> 물은 자가 없었나이다 (2:10)

바벨론에는 꿈을 전문적으로 해석하는 사람들이 있었습니다. 사람들은 왕의 꿈을 듣고, 왕의 꿈을 해석했습니다. 하지만 이번에는 달랐습니다. 느부갓네살은 자신의 꿈을 알려 주지 않았습니다. 느부갓네살은 꿈을 듣지 않고 해석할 것을 요구했습니다. 따라서 아무도 느부갓네살의 꿈을 해석하지 못했습니다.

> 다니엘이 왕 앞에 대답하여 이르되
> 왕이 물으신 바 은밀한 것은
> 지혜자나 술객이나 박수나 점쟁이가
> 능히 왕께 보일 수 없으되
> 오직 은밀한 것을 나타내실 이는
> 하늘에 계신 하나님이시라 그가 느부갓네살 왕에게
> 후일에 될 일을 알게 하셨나이다 (2:27-28)

아무도 왕의 꿈을 해석할 수 없었습니다. 왕이 자신의 꿈을 알려 주지 않았기 때문입니다. 하지만 다니엘은 왕의 꿈을 해석할 수 있었습니다. 하나님께서 다니엘에게 왕의 꿈을 알려 주셨기 때문입니

다.

> 왕이 대답하여 다니엘에게 이르되
> 너희 하나님은 참으로 모든 신들의 신이시요
> 모든 왕의 주재시로다
> 네가 능히 이 은밀한 것을 나타내었으니
> 네 하나님은 또 은밀한 것을 나타내시는 이시로다 (2:47)

다니엘은 하나님의 지혜로 왕의 꿈을 해석해 주었습니다. 결과적으로 느부갓네살은 하나님이 모든 신들의 신이시요, 모든 왕들의 왕이시라는 사실을 알게 되었습니다. 그리고 느부갓네살은 하나님께서 나라들을 다스리시고, 하나님께서 나라들의 운명을 결정하신다는 사실을 알게 되었습니다.

묵상

왜 아무도 왕의 꿈을 해석하지 못했습니까?

_____

_____

_____

왕은 다니엘의 해석을 통해 어떤 사실을 알게 되었습니까?

_____

_____

_____

기도

하나님. 하나님께서 모든 나라와 민족을 다스리십니다. 세상의 역사는 하나님의 손에 달려 있습니다. 항상 하나님을 의지하고 찬양하며 살게 해 주세요. 믿음을 가지고서 담대히 살아가게 해 주세요. 예수님의 이름으로 기도합니다. 아멘.

그렇게 하지 아니하실지라도

다니엘 3장 | 찬송가 445장. 태산을 넘어 험곡에 가도

> 느부갓네살 왕이 금으로 신상을 만들었으니
> 높이는 육십 규빗이요 너비는 여섯 규빗이라
> 그것을 바벨론 지방의 두라 평지에 세웠더라 (3:1)

앞에서 느부갓네살 왕은 하나님의 능력을 보았습니다. 느부갓네살은 다니엘을 통해 하나님만이 유일하시고 참되신 신이심을 알게 되었습니다. 하지만 느부갓네살은 교만했습니다. 느부갓네살은 직접 신상을 만들 정도로 교만했습니다. 심지어 자신이 만든 신상에 절하지 않는 자들에게는 큰 벌을 내리겠다고 했습니다.

> 이제 몇 유다 사람 사드락과 메삭과 아벳느고는
>
> 왕이 세워 바벨론 지방을 다스리게 하신 자이거늘
>
> 왕이여 이 사람들이 왕을 높이지 아니하며
>
> 왕의 신들을 섬기지 아니하며 왕이 세우신
>
> 금 신상에게 절하지 아니하나이다 (3:12)

느부갓네살은 신상에게 절하지 않는 자들은 불타는 화덕에 집어넣겠다고 경고했습니다. 이에 대부분의 사람이 왕의 명령을 따랐습니다. 누구도 목숨을 걸면서까지 왕에게 불복종하려고 하지 않았습니다. 하지만 신실한 유대인들은 왕의 명령에 순종하지 않았습니다. 대표적인 사람이 다니엘의 세 친구로 알려진 사드락과 메삭과 아벳느고입니다.

> 이제라도 너희가 준비하였다가
>
> 나팔과 피리와 수금과 삼현금과 양금과 생황과 및
>
> 모든 악기 소리를 들을 때 내가 만든 신상 앞에
>
> 엎드려 절하면 좋거니와 너희가 만일 절하지 아니하면
>
> 즉시 너희를 맹렬히 타는 풀무불 가운데에 던져 넣을 것이니
>
> 능히 너희를 내 손에서 건져낼 신이 누구이겠느냐 하니 (3:15)

사드락, 메삭, 아벳느고는 왕 앞에 끌려 왔습니다. 왕은 다시 한번 경고했습니다. 지금이라도 신상에 절하면 목숨을 살려 주겠다고 회유했습니다. 하지만 사드락, 메삭, 아벳느고는 목숨을 구걸하기 위해 우상에게 절할 마음이 전혀 없었습니다.

> 왕이여 우리가 섬기는 하나님이 계시다면
> 우리를 맹렬히 타는 풀무불 가운데에서 능히 건져 내시겠고
> 왕의 손에서도 건져 내시리이다
> 그렇게 하지 아니하실지라도 왕이여
> 우리가 왕의 신들을 섬기지도 아니하고
> 왕이 세우신 금 신상에게 절하지도 아니할 줄을 아옵소서 (3:17-18)

사드락, 메삭, 아벳느고는 마지막까지 자신들의 신앙을 굽히지 않았습니다. 세 사람이 목숨을 걸고, 우상에게 절하지 않은 이유는 다음과 같습니다. 첫째, 세 사람은 하나님께서 자신들을 불타는 화덕에서도 지켜 주실 것을 믿었습니다. 둘째, 세 사람은 우상에게 절하기보다는 차라리 목숨을 잃는 것이 더 낫다고 생각했습니다.

> 느부갓네살이 말하여 이르되
> 사드락과 메삭과 아벳느고의 하나님을 찬송할지로다
> 그가 그의 천사를 보내사 자기를 의뢰하고
> 그들의 몸을 바쳐 왕의 명령을 거역하고
> 그 하나님 밖에는 다른 신을 섬기지 아니하며
> 그에게 절하지 아니한 종들을 구원하셨도다 (3:28)

앞에서 다니엘을 통해 하나님의 능력을 보았던 느부갓네살은 이제 세 친구를 통해 하나님의 능력을 보았습니다. 결과적으로 느부갓네살은 사람을 구원할 신이 하나님 한 분밖에 없음을 알게 되었습니다 (29절).

묵상

신상에게 절하지 않은 세 사람은 누구입니까?

_____

_____

_____

왜 세 사람은 신상에 절하지 않았습니까?

_____

_____

_____

_____

기도

하나님. 세 사람은 목숨을 걸고 신앙을 지켰습니다. 사람의 생명과 구원이 하나님께 달려 있음을 믿었습니다. 저희도 어떤 상황에 있든지 하나님을 향한 믿음을 지키게 해 주세요. 조금도 흔들리지 않게 해 주세요. 예수님의 이름으로 기도합니다. 아멘.

이에 내가 지극히 높으신 이에게 감사하며

다니엘 4장 │ 찬송가 446장. 주 음성 외에는

> 왕이 사람에게서 쫓겨나서 들짐승과 함께 살며
> 소처럼 풀을 먹으며 하늘 이슬에 젖을 것이요
> 이와 같이 일곱 때를 지낼 것이라 그 때에
> 지극히 높으신 이가 사람의 나라를 다스리시며
> 자기의 뜻대로 그것을 누구에게든지 주시는 줄을 아시리이다 (4:25)

느부갓네살 왕은 평범하지 않은 꿈을 꾸었습니다. 다니엘은 왕의 꿈을 해석해 주었습니다. 다니엘이 해석한 내용은 앞으로 왕이 들짐승들과 함께 지내게 된다는 것이었습니다. 하나님은 느부갓네살을 낮추시는 것을 통해, 높이고 낮추는 권세가 하나님께 있다는 것과 하나님께서 모든 나라와 민족을 다스리고 계시다는 사실을 나타내려고 하셨습니다.

> 나 왕이 말하여 이르되 이 큰 바벨론은
> 내가 능력과 권세로 건설하여 나의 도성으로 삼고
> 이것으로 내 위엄의 영광을 나타낸 것이 아니냐 하였더니
> 이 말이 아직도 나 왕의 입에 있을 때에
> 하늘에서 소리가 내려 이르되 느부갓네살 왕아 네게 말하노니
> 나라의 왕위가 네게서 떠났느니라 (4:30-31)

만약 느부갓네살이 겸손했더라면, 그는 하나님의 심판을 받지 않았을 것입니다. 하지만 느부갓네살은 매우 교만했고, 결과적으로 하나님의 심판을 피할 수 없었습니다. 하나님의 심판은 느부갓네살이 자신의 힘으로 모든 것을 이루었다고 교만하게 말하는 순간 임했습니다.

> 바로 그때에 이 일이 나 느부갓네살에게 응하므로
> 내가 사람에게 쫓겨나서 소처럼 풀을 먹으며
> 몸이 하늘 이슬에 젖고 머리털이 독수리 털과 같이 자랐고
> 손톱은 새 발톱과 같이 되었더라 (4:33)

하나님은 느부갓네살이 왕궁에서 쫓겨나게 하셨습니다. 느부갓네살은 한동안 짐승처럼 지냈습니다. 그의 머리는 독수리의 털처럼 되었고, 그의 손톱은 새의 발톱처럼 되었습니다. 느부갓네살은 하루 아침에 왕의 자리에서 들짐승의 자리로 내려왔습니다. 이처럼 높이시고 낮추시는 권한은 하나님께 있습니다. 따라서 사람은 하나님 앞

에서 겸손해야 합니다. 높이신 분도 하나님이시요, 낮추신 분도 하나님이시라는 믿음을 가져야 합니다.

> 그 기한이 차매 나 느부갓네살이 하늘을 우러러 보았더니
> 내 총명이 다시 내게로 돌아온지라
> 이에 내가 지극히 높으신 이에게 감사하며
> 영생하시는 이를 찬양하고 경배하였나니
> 그 권세는 영원한 권세요 그 나라는 대대에 이르리로다 (4:34)

느부갓네살은 수많은 나라를 점령했습니다. 이스라엘도 그중 하나였습니다. 결과적으로 느부갓네살은 교만해졌습니다. 느부갓네살은 자신의 힘으로 세상을 정복했다고 생각했고, 바벨론의 신이 하나님보다 더 강력하다고 믿었습니다. 그래서 하나님은 느부갓네살을 낮추셨습니다. 그리하여 느부갓네살을 겸손하게 만드셨습니다. 이제 느부갓네살은 하나님만이 참된 신이시요, 누구보다 강한 신이심을 알게 되었습니다.

묵상

왜 하나님은 느부갓네살을 낮추셨습니까?

_____

_____

_____

하나님의 심판은 언제 느부갓네살에게 임했습니까?

_____

_____

_____

기도

하나님. 하나님은 교만한 자를 낮추시고, 겸손한 자를 높이시
는 분이십니다. 하나님과 사람 앞에서 항상 겸손하게 살게 해
주세요. 하나님의 다스림을 신뢰하며 순종하게 해 주세요. 예
수님의 이름으로 기도합니다. 아멘.

그 날 밤에 갈대아 왕 벨사살이
죽임을 당하였고

다니엘 5장 | 찬송가 449장. 예수 따라가며

> 벨사살이 술을 마실 때에 명하여
>
> 그의 부친 느부갓네살이 예루살렘 성전에서 탈취하여
>
> 온 금, 은 그릇을 가져오라고 명하였으니
>
> 이는 왕과 귀족들과 왕후들과 후궁들이
>
> 다 그것으로 마시려 함이었더라 (5:2)

벨사살은 느부갓네살 왕의 아들입니다. 그는 하나님께서 아버지를 낮추시고 높이시는 것을 보았습니다. 그렇다면 마땅히 하나님 앞에서 겸손했어야 합니다. 하지만 벨사살은 교만했습니다. 벨사살은 하나님의 성전에서 사용하던 그릇들을 가져오라고 명령했습니다. 하나님을 예배하는 데 사용했던 그릇들을, 술을 마시는 데 사용하려 했던 것입니다. 벨사살은 자신이 하나님보다 높은 존재라고 생각할 만큼 미련한 사람이었습니다.

> 그때에 사람의 손가락들이 나타나서
> 왕궁 촛대 맞은편 석회벽에 글자를 쓰는데
> 왕이 그 글자 쓰는 손가락을 본지라
> 이에 왕의 즐기던 얼굴 빛이 변하고
> 그 생각이 번민하여 넓적다리 마디가 녹는 듯하고
> 그의 무릎이 서로 부딪친지라 (5:5-6)

벨사살이 성전 그릇으로 술을 마시고 있던 그때, 한 손가락이 나타 났습니다. 그 손가락은 벽에 글씨를 쓰기 시작했고, 그 광경을 본 벨 사살은 공포에 사로잡혔습니다. 비로소 벨사살은 자신이 얼마나 작 은 존재인지, 하나님은 얼마나 크신 분인지를 알게 되었습니다. 바 로 이것이 하나님 앞에서 교만한 자들의 최후입니다.

> 그 글을 해석하건대 메네는 하나님이 이미
> 왕의 나라의 시대를 세어서 그것을 끝나게 하셨다 함이요
> 데겔은 왕을 저울에 달아 보니 부족함이 보였다 함이요
> 베레스는 왕의 나라가 나뉘어서
> 메대와 바사 사람에게 준 바 되었다 함이니이다 하니 (5:26-28)

다니엘은 손가락이 벽에 쓴 글씨를 해석해 주었습니다. 손가락이 벽 에 쓴 글씨는 "메네 메네 데겔 우바르신"이었습니다. 이것은 하나님

이 벨사살의 나라를 망하게 하고, 새로운 나라를 일으킨다는 뜻이었습니다. 벨사살은 자신이 하나님보다 강하다고 생각했지만, 사실은 무기력한 인간에 지나지 않았습니다. 우리는 벨사살처럼 교만하지 않도록 조심해야 합니다. 하나님의 도움 없이는 아무것도 할 수 없다는 겸손한 자세로 살아야 합니다.

> 그 날 밤에 갈대아 왕 벨사살이 죽임을 당하였고
> 메대 사람 다리오가 나라를 얻었는데
> 그 때에 다리오는 육십이 세였더라 (5:30-31)

하나님의 말씀대로 벨사살의 나라는 멸망했습니다. 벨사살의 바벨론은 다리오의 페르시아에게 점령당했습니다. 이처럼 하나님은 나라를 세우기도 하시고 망하게도 하십니다. 나라가 부흥하거나 망하는 이면에는 하나님의 손길이 있습니다. 따라서 우리는 나라의 지도자들을 위해서 기도해야 합니다. 이 나라와 이 민족에게 하나님의 은혜가 임하기를 기도해야 합니다. 국가의 운명은 사람이 아니라 하나님의 손에 달려 있습니다.

묵상

왜 벨사살은 성전에서 사용하던 그릇들을
가져오라고 했습니까?

_____

_____

_____

"메네 메네 데겔 우바르신"의 뜻은 무엇입니까?

_____

_____

_____

기도

하나님. 하나님은 모든 나라와 민족을 통치하시는 왕이십니
다. 왕이신 하나님 앞에서 교만하지 않고 겸손하게 해 주세요.
언제나 왕이신 하나님의 도움과 통치를 구하며 살아가게 해
주세요. 예수님의 이름으로 기도합니다. 아멘.

30주

다니엘을 고발할 근거를 찾고자 하였으나

다니엘 6장 | 찬송가 450장. 내 평생 소원 이것뿐

> 다리오가 자기의 뜻대로 고관 백이십 명을 세워
> 전국을 통치하게 하고
> 또 그들 위에 총리 셋을 두었으니
> 다니엘이 그 중의 하나이라 (6:1-2)

바벨론은 망하고, 페르시아라고 하는 새로운 나라가 세워졌습니다. 페르시아의 다리오 왕은 120명의 신하들로 전국을 다스리게 했습니다. 그리고 120명의 신하들 위에 세 명의 총리를 세웠습니다. 놀랍게도 세 명의 총리 가운데 한 명이 다니엘이었습니다. 어떻게 다니엘은 나라가 멸망하고 왕이 바뀌는 상황에서도 계속 등용될 수 있었

을까요? 그 이유는 두 가지입니다. 첫째, 다니엘에게는 하나님께서 주신 지혜가 있었기 때문입니다. 둘째, 하나님께서 다니엘을 보호하셨기 때문입니다.

> 이에 총리들과 고관들이 국사에 대하여
> 다니엘을 고발할 근거를 찾고자 하였으나
> 아무 근거, 아무 허물도 찾지 못하였으니
> 이는 그가 충성되어 아무 그릇됨도 없고
> 아무 허물도 없음이었더라 (6:4)

다니엘은 다리오 왕의 총애를 받았습니다. 결과적으로 다니엘은 동료들의 시기를 받았습니다. 동료들은 다니엘을 모함할 증거를 찾았습니다. 하지만 다니엘은 흠잡을 곳이 전혀 없는 사람이었습니다. 다니엘은 하나님뿐만 아니라 사람 앞에서도 정직하고 바른 사람이었습니다.

> 다니엘이 이 조서에 왕의 도장이 찍힌 것을 알고도
> 자기 집에 돌아가서는 윗방에 올라가
> 예루살렘으로 향한 창문을 열고 전에 하던 대로
> 하루 세 번씩 무릎을 꿇고 기도하며
> 그의 하나님께 감사하였더라 (6:10)

다니엘의 동료들은 왕을 설득하여 30일 동안 왕에게만 기도하는 제도를 만들었습니다. 만약 30일 동안 다른 이에게 기도하면, 사자 굴에 들어가야 했습니다. 다니엘의 동료들이 이 제도를 만든 목적은 명확했습니다. 매일 하나님께 기도하는 다니엘을 곤경에 처하게 하는 것이었습니다. 하지만 다니엘은 아랑곳하지 않고 계속해서 기도했습니다. 그 이유는 다니엘의 목표가 세상에서 성공하는 것이 아니라, 하나님께 순종하는 것이었기 때문입니다. 다니엘이 총리가 된 것은 성공을 목표로 살았기 때문이 아니라, 하나님께 순종한 결과였습니다.

> 왕이 심히 기뻐서 명하여 다니엘을 굴에서 올리라 하매
> 그들이 다니엘을 굴에서 올린즉
> 그의 몸이 조금도 상하지 아니하였으니
> 이는 그가 자기의 하나님을 믿음이었더라
> 왕이 말하여 다니엘을 참소한 사람들을 끌어오게 하고
> 그들을 그들의 처자들과 함께 사자 굴에 던져 넣게 하였더니
> 그들이 굴 바닥에 닿기도 전에 사자들이
> 곧 그들을 움켜서 그 뼈까지도 부서뜨렸더라 (6:23-24)

다니엘은 하나님께 기도한 결과 사자굴에 던져졌습니다. 하지만 사자들은 다니엘에게 어떤 해도 끼치지 못했습니다. 하나님께서 다니엘을 보호하셨기 때문입니다. 반대로 다니엘을 시기한 자들은 가족들과 함께 사자굴에서 몰살당했습니다. 하나님의 백성을 모함한 대가였습니다.

묵상

왜 다니엘은 왕이 바뀌는 상황에서도 계속
등용될 수 있었습니까?

_____

_____

_____

왜 다니엘의 동료들은 왕에게만 기도하는 제도를
만들었습니까?

_____

_____

_____

기도

하나님. 세상은 우리가 하나님을 섬기는 것을 싫어하고 미워
합니다. 그럴지라도 오직 하나님만을 섬기며, 오직 하나님만
을 예배하게 해 주세요. 아랑곳하지 않고 믿음대로 행하게 해
주세요. 예수님의 이름으로 기도합니다. 아멘.

31주

인자 같은 이가 하늘 구름을 타고 와서

다니엘 7장 | 찬송가 452장. 내 모든 소원 기도의 제목

> 큰 짐승 넷이 바다에서 나왔는데
> 그 모양이 각각 다르더라 (7:3)

다니엘은 네 짐승이 등장하는 환상을 보았습니다. 네 짐승은 각각 세상에 존재하는 강대국을 의미합니다. 하나님께서 다니엘에게 네 짐승 환상을 보여 주신 이유는, 각 나라를 세우고 망하게 하는 권능이 하나님께 있다는 것을 알려 주시기 위함입니다.

> 내가 보니 왕좌가 놓이고 옛적부터 항상 계신 이가
>
> 좌정하셨는데 그의 옷은 희기가 눈 같고
>
> 그의 머리털은 깨끗한 양의 털 같고
>
> 그의 보좌는 불꽃이요 그의 바퀴는 타오르는 불이며 (7:9)

다니엘은 하늘에 있는 왕좌를 보았습니다. 왕좌는 왕의 통치를 의미합니다. 따라서 이 환상은 하나님이 하늘에서 온 세상을 다스리신다는 것을 의미합니다. 바로 이것이 우리가 하나님께 기도하는 이유입니다. 우리가 기도하는 분은 온 세상을 다스리시는 왕이십니다. 하나님께는 우리의 기도에 응답하실 능력이 있습니다. 바로 이 사실이 땅에서 살아가는 우리의 소망이요 희망입니다.

> 내가 또 밤 환상 중에 보니 인자 같은 이가
>
> 하늘 구름을 타고 와서 옛적부터 항상 계신 이에게
>
> 나아가 그 앞으로 인도되매 (7:13)

다니엘은 "인자 같은 이"를 보았습니다. 다니엘이 본 "인자 같은 이"는 예수님을 의미합니다. 인자 같은 이는 '사람의 아들'을 의미합니다. 따라서 이것은 하나님이신 예수님이 사람으로 이 땅에 오실 것을 예고하는 환상입니다.

> 그에게 권세와 영광과 나라를 주고 모든 백성과
>
> 나라들과 다른 언어를 말하는 모든 자들이
>
> 그를 섬기게 하였으니 그의 권세는
>
> 소멸되지 아니하는 영원한 권세요
>
> 그의 나라는 멸망하지 아니할 것이니라 (7:14)

다니엘은 성부께서 성자에게 "권세와 영광과 나라"를 주시는 환상을 보았습니다. 예수님은 죽음과 부활을 통해 높아지셨습니다. 성부는 예수님께 모든 나라와 민족을 다스리는 권세를 주셨습니다. 세상 나라는 흥하고 망하기를 반복하지만, 예수님께서 왕으로 다스리시는 하나님 나라는 영원히 망하지 않습니다. 우리는 바로 이 영원히 망하지 않는 나라의 백성입니다.

묵상

왜 하나님은 네 짐승 환상을 보여 주셨습니까?

_____

_____

_____

다니엘이 본 하늘 보좌 환상은 무엇을 의미합니까?

_____

_____

_____

_____

기도

하나님. 하나님의 나라는 영원히 망하지 않는 나라입니다. 저희를 이 나라의 백성으로 불러 주셔서 감사합니다. 하나님 나라에 속한 자답게, 하나님 나라의 백성답게 살아가게 해 주세요. 예수님의 이름으로 기도합니다. 아멘.

일주일에 한 번,
온 가족 말씀 동행 프로젝트

호세아

32주

이 나라가 여호와를 떠나
크게 음란함이니라

호세아 1장 | 찬송가 453장. 예수 더 알기 원하네

> 웃시야와 요담과 아하스와 히스기야가 이어
> 유다 왕이 된 시대 곧 요아스의 아들 여로보암이
> 이스라엘 왕이 된 시대에 브에리의 아들
> 호세아에게 임한 여호와의 말씀이라 (1:1)

호세아는 북이스라엘에서 활동한 선지자입니다. 호세아가 활동할
당시 북이스라엘의 왕은 여로보암 2세였습니다. 당시는 북이스라엘
의 최전성기라고 할 만큼 경제적으로 부강했습니다. 심지어 솔로몬
당시의 영토를 대부분 회복할 만큼 군사적으로도 막강했습니다. 이

모든 것은 하나님의 은혜였습니다. 하나님께서 자기 백성들에게 복을 주신 결과였습니다. 하지만 북이스라엘 백성들은 하나님의 은혜를 망각하고 우상을 숭배했습니다. 하나님께서 주신 복을 타락의 기회로 삼았습니다.

> 여호와께서 처음 호세아에게 말씀하실 때
> 여호와께서 호세아에게 이르시되
> 너는 가서 음란한 여자를 맞이하여
> 음란한 자식들을 낳으라 이 나라가
> 여호와를 떠나 크게 음란함이니라 하시니 (1:2)

하나님은 북이스라엘 백성들이 크게 음란하다고 하십니다. 이것은 북이스라엘 백성들의 우상 숭배를 경고하는 말씀입니다. 우상이란 우리가 하나님보다 더 사랑하고, 하나님보다 더 의지하는 것을 말합니다. 예를 들어 하나님보다 돈을 더 사랑한다면 돈이 우상이고, 하나님보다 친구를 더 의지한다면 친구가 우상입니다. 혹시 하나님보다 더 사랑하거나, 하나님보다 더 의지하는 것이 있지는 않습니까?

> 이에 그가 가서 디블라임의 딸 고멜을 맞이하였더니
> 고멜이 임신하여 아들을 낳으매 (1:3)

하나님은 호세아에게 고멜과 결혼하라고 하셨습니다. 고멜은 2절에 나와 있듯이 아주 음란한 여자였습니다. 음란하다는 것은 성적으로 순결하지 않다는 뜻입니다. 왜 하나님은 호세아에게 순결하지 않은 여성과 결혼하라고 하셨을까요? 순결하지 않은 고멜은 타락한 북이스라엘을 상징합니다. 선지자 호세아는 하나님을 상징합니다. 따라서 이것은 거룩하신 하나님께서 타락한 북이스라엘을 여전히 사랑하신다는 것을 의미합니다. 만약 지금이라도 북이스라엘 백성들이 자신들의 죄를 회개하고 하나님께 돌아간다면, 하나님은 북이스라엘 백성들을 용서해 주신다는 것입니다.

> 여호와께서 이르시되 그의 이름을 로암미라 하라
> 너희는 내 백성이 아니요
> 나는 너희 하나님이 되지 아니할 것임이니라 (1:9)

하나님은 타락한 북이스라엘 백성들이 회개하기 원하셨습니다. 하지만 북이스라엘 백성들은 여전히 우상을 숭배했습니다. 그래서 하나님은 호세아의 둘째 아들의 이름을 '로암미'라고 지으라고 하셨습니다. 로암미는 "내 백성이 아니다"라는 뜻입니다. 이제 하나님은 북이스라엘을 자기 백성으로 여기지 않으신다는 뜻입니다. 북이스라엘의 가장 큰 복은 하나님을 가까이하는 것이었습니다. 이제 북이스라엘은 가장 큰 복을 잃어버렸습니다. 우리는 어떠합니까? 하나님을 가까이하는 복을 경험하고 있습니까?

묵상

왜 하나님은 북이스라엘 백성들이 음란하다고 하십니까?

_____

_____

_____

왜 하나님은 호세아에게 음란한 고멜과 결혼하라고
하셨습니까?

_____

_____

_____

기도

하나님. 호세아와 고멜을 통해서 하나님의 사랑이 얼마나 큰
지 깨달았습니다. 하나님 앞에서 순결한 삶을 살게 해 주세요.
하나님을 가장 사랑하고, 하나님을 가장 의지하게 해 주세요.
예수님의 이름으로 기도합니다. 아멘.

33주

곡식과 새 포도주와 기름은 내가 그에게 준 것이요

호세아 2장 | 찬송가 455장. 주님의 마음을 본받는 자

> 너희 형제에게는 암미라 하고
> 너희 자매에게는 루하마라 하라 (2:1)

앞에서 하나님은 이스라엘이 '로암미'라고 하셨습니다. "내 백성이 아니다"라는 뜻입니다. 하지만 이제는 '암미'라고 부르십니다. "내 백성"이라는 뜻입니다. 어떻게 이런 변화가 가능할까요? 이런 변화는 이스라엘이 자신들의 죄를 회개할 때 가능합니다. 하나님은 자기 백성들이 죄를 자백하고 용서를 구할 때, 외면하지 않으십니다. 하나님은 우리가 죄악 된 삶을 버리고 하나님께 돌아오기만을 기다리

고 계십니다.

> 내가 그의 자녀를 긍휼히 여기지 아니하리니
> 이는 그들이 음란한 자식들임이니라 (2:4)

하나님은 죄를 회개하지 않는 자들을 긍휼히 여기지 않으십니다. 하나님은 여전히 죄를 짓는 자들을 자기 백성으로 인정하시지 않습니다. 우리가 하나님께 돌아가기 위해서는 반드시 죄를 제거해야 합니다. 습관적으로 행하는 잘못된 일들을 고쳐야 합니다. 오랫동안 반복적으로 행하고 있는 나쁜 습관은 무엇입니까? 그 죄를 제거하기 위해 노력하십시오.

> 곡식과 새 포도주와 기름은 내가 그에게 준 것이요
> 그들이 바알을 위하여 쓴 은과 금도
> 내가 그에게 더하여 준 것이거늘 그가 알지 못하도다 (2:8)

이스라엘 백성들은 하나님을 떠나 바알을 숭배했습니다. 바알은 가나안 사람들이 주로 숭배했던 우상입니다. 가나안 사람들은 바알이 농사에 필요한 비를 준다고 생각했습니다. 이스라엘 백성들은 가나안 사람들의 문화를 받아들이면서, 바알 숭배 사상도 함께 받아들였습니다. 하지만 이스라엘 백성들에게 곡식과 포도주를 주신 분은 하나님이었습니다. 우리도 이스라엘 백성들처럼 착각할 때가 많습니다. 돈, 인기, 권력이 우리 인생을 보장해 준다고 생각할 때가 많습니다. 그런 것들은 하나님께서 사용하시는 도구일 뿐입니다. 하나님만이 우리 인생을 안전하게 지켜 주십니다.

> 그러므로 내가 내 곡식을 그것이 익을 계절에 도로 찾으며
> 내가 내 새 포도주를 그것이 맛 들 시기에 도로 찾으며
> 또 그들의 벌거벗은 몸을 가릴 내 양털과 내 삼을 빼앗으리라 (2:9)

이스라엘 백성들에게 복을 주신 분은 하나님이었습니다. 하지만 이스라엘 백성들은 자신들이 받은 복이 바알에게서 왔다고 착각했습니다. 그 결과 이스라엘 백성들은 하나님의 심판을 받았습니다. 우리도 마찬가지입니다. 우리가 가진 모든 좋은 것들은 하나님께서 주신 것입니다. 하나님만이 복과 은혜의 근원입니다. 그러므로 우리는 항상 하나님께 영광을 돌려야 합니다. 하나님께 감사를 표현해야 합니다. 그렇지 않는다면 우리 역시 이스라엘 백성들처럼 하나님의 징계를 받게 될 것입니다.

묵상

'로암미'에서 '암미'로 변하기 위해서는 무엇이 필요합니까?

_____

_____

_____

왜 이스라엘 백성들은 바알을 숭배했습니까?

_____

_____

_____

_____

기도

하나님. 저희에게 복과 은혜를 주시는 분은 여호와 하나님뿐입
니다. 저희가 하나님을 그 누구보다, 그 무엇보다 중요하게 생
각하게 해 주세요. 하나님만을 경배하며, 하나님만을 의지하며
살아가게 해 주세요. 예수님의 이름으로 기도합니다. 아멘.

34주

여호와가 그들을 사랑하나니

호세아 3장 | 찬송가 458장. 너희 마음에 슬픔이 가득할 때

> 여호와께서 내게 이르시되 이스라엘 자손이
> 다른 신을 섬기고 건포도 과자를 즐길지라도
> 여호와가 그들을 사랑하나니
> 너는 또 가서 타인의 사랑을 받아
> 음녀가 된 그 여자를 사랑하라 하시기로 (3:1)

하나님은 호세아에게 고멜을 사랑하라고 하셨습니다. 사실 고멜은 사랑받을 자격이 없는 여자였습니다. 고멜은 호세아를 버리고 다른 남자를 찾아갔기 때문입니다. 고멜을 사랑하는 호세아의 모습에서, 우리를 사랑하시는 하나님의 모습을 볼 수 있습니다. 호세아가 사랑

받을 자격이 없는 고멜을 사랑한 것처럼, 하나님은 사랑받을 자격이 없는 우리를 사랑해 주십니다. 우리는 자주 하나님께 불순종하고, 하나님의 마음을 슬프게 합니다. 하지만 하나님은 절대로 우리를 포기하지 않으십니다.

> 내가 은 열다섯 개와 보리 한 호멜 반으로
> 나를 위하여 그를 사고 (3:2)

호세아는 고멜을 다시 찾아오기 위해, 많은 비용을 지불했습니다. 하나님도 마찬가지입니다. 하나님은 우리를 구원하시기 위해, 많은 비용을 지불하셨습니다. 그것은 사랑하는 독생자의 죽음입니다. 하나님은 우리를 구원하시기 위해, 사랑하는 아들을 십자가에서 죽이셨습니다. 예수님은 우리를 구원하시기 위해, 십자가에서 끔찍한 죽음을 당하셨습니다. 그렇다면 우리는 어떻게 살아야 할까요? 하나님만을 우리의 왕으로 모시고, 오직 하나님의 영광을 위해서 살아야 합니다.

> 그에게 이르기를 너는 많은 날 동안
> 나와 함께 지내고 음행하지 말며
> 다른 남자를 따르지 말라
> 나도 네게 그리하리라 하였노라 (3:3)

호세아는 고멜에게 오랫동안 함께하자고 부탁했습니다. 하나님의 마음도 동일합니다. 하나님은 우리와 항상 함께하기를 원하십니다. 우리와 항상 동행하기를 원하십니다. 그렇다면 어떻게 하는 것이 하나님과 동행하는 것일까요? 꾸준하게 하나님의 말씀을 묵상해야 합니다. 그리고 말씀대로 살기 위해 노력해야 합니다. 어떤 선택을 할 때는 항상 하나님의 말씀에 근거해야 해야 합니다. 바로 그것이 하나님과 동행하는 것이요, 하나님과 함께하는 것입니다.

> 이스라엘 자손들이 많은 날 동안
> 왕도 없고 지도자도 없고 제사도 없고
> 주상도 없고 에봇도 없고
> 드라빔도 없이 지내다가 (3:4)

하나님은 이스라엘이 불순종할 것을 아셨습니다. 그래서 하나님은 앞으로 일어날 일에 대해서 말씀하십니다. 앞으로 이스라엘에는 왕과 지도자가 사라질 것이라고 말입니다. 이것은 이스라엘이 멸망한다는 뜻입니다. 하나님께 계속해서 불순종하는 자들의 삶도 이와 같습니다. 그들에게는 밝은 미래가 없습니다.

묵상

고멜을 사랑하는 호세아에게서 누구의 모습을
볼 수 있습니까?

하나님은 우리를 사랑하기 위해 어떤 비용을
지불하셨습니까?

기도

변함없이 저희를 사랑해 주시는 하나님. 저희도 변함없이 하
나님을 사랑하며, 하나님과 동행하는 삶을 살게 해 주세요. 하
나님의 말씀을 더욱 사랑하며, 그 말씀을 따라 살게 해 주세요.
예수님의 이름으로 기도합니다. 아멘.

일주일에 한 번,
온 가족 말씀 동행 프로젝트

요엘

35주

팥중이가 남긴 것을 메뚜기가 먹고

요엘 1장 | 찬송가 461장. 십자가를 질 수 있나

▌ 브두엘의 아들 요엘에게 임한 여호와의 말씀이라 (1:1)

요엘은 "여호와는 하나님이시다"라는 뜻입니다. 아마 요엘의 아버지는 아들이 우상 숭배자가 되지 않기를 원하는 마음으로 이런 이름을 지어 주었을 것입니다. 요엘 선지자는 예루살렘을 중심으로 활동하며, '여호와의 날'을 경고한 선지자였습니다. 여호와의 날은 하나님이 특별하게 역사하시는 날을 의미하는 용어입니다. 당시 백성들은 여호와의 날이 되면, 이스라엘이 큰 복을 받을 것이라고 생각했습니다. 하지만 요엘 선지자는 여호와의 날에 이스라엘은 큰 벌을 받을 것이라고 경고했습니다. 이스라엘은 하나님의 복을 받기에는,

너무나 하나님과 멀어져 있었기 때문입니다.

> 팥중이가 남긴 것을 메뚜기가 먹고
> 메뚜기가 남긴 것을 느치가 먹고
> 느치가 남긴 것을 황충이 먹었도다 (1:4)

당시에 메뚜기 떼가 이스라엘을 덮쳤습니다. 메뚜기 떼는 밭과 과수원을 황폐하게 만들었습니다. 백성들은 그것이 평범한 자연재해라고 생각했습니다. 하지만 메뚜기 재앙은 평범한 자연 재앙이 아니었습니다. 하나님의 엄중한 경고였습니다. 회개하지 않으면 더 큰 심판이 닥친다는 하나님의 경고였습니다.

> 취하는 자들아 너희는 깨어 울지어다
> 포도주를 마시는 자들아 너희는 울지어다
> 이는 단 포도주가 너희 입에서 끊어졌음이니 (1:5)

요엘 선지자는 술에 취한 자들에게 경고합니다. 하나님의 심판이 임박했다고 선포합니다. 그러나 술 취한 자들은 하나님의 심판이 임박했다는 사실을 전혀 모를 정도로 영적으로 죽어 있었습니다. 하나님은 지금도 우리에게 경고하십니다. 악한 행동과 습관들을 버리라고 경고하십니다. 우리는 영적으로 깨어서 하나님의 경고를 들을 수 있어야 합니다.

> 제사장들아 너희는 굵은 베로 동이고
> 슬피 울지어다 (1:13)

요엘 선지자는 백성들에게 슬피 울라고 경고합니다. 이것은 단순한

울음이 아니라, 회개의 눈물을 의미합니다. 이스라엘이 임박한 심판을 피할 수 있는 방법은 하나님 앞에서 눈물로 회개하는 것밖에 없습니다. 우리도 마찬가지입니다. 다른 것으로 하나님의 심판을 피할 수는 없습니다. 진실된 회개만이 하나님의 은혜로 나가는 통로입니다.

묵상

왜 요엘의 아버지는 아들의 이름을 '요엘'이라고 지었습니까?

_____

_____

_____

메뚜기 재앙은 무엇을 의미합니까?

_____

_____

_____

기도

하나님. 이스라엘 백성들은 하나님과 하나님의 심판을 두려워하지 않았습니다. 자신들의 죄가 얼마나 심각한지 알지 못했습니다. 저희는 하나님과 하나님의 심판을 두려워하는 삶을 살게 해 주세요. 죄에 민감한 삶을 살게 해 주세요. 예수님의 이름으로 기도합니다. 아멘.

일주일에 한 번,
온 가족 말씀 동행 프로젝트

아모스

아모스가 이스라엘에 대하여
이상으로 받은 말씀이라

아모스 1장 | 찬송가 251장. 놀랍다 주님의 큰 은혜

> 유다 왕 웃시야의 시대 곧 이스라엘 왕
> 요아스의 아들 여로보암의 시대 지진 전
> 이년에 드고아 목자 중 아모스가
> 이스라엘에 대하여 이상으로 받은 말씀이라 (1:1)

아모스 선지자는 여러 부분에서 특이합니다. 첫째, 북이스라엘에서
활동했지만, 사실은 남유다 출신입니다. 둘째, 선지자 학교 출신이
아니라, 평범한 농부였습니다. 우리는 여기서 두 가지 사실을 알 수
있습니다. 당시 북이스라엘에는 하나님께서 선지자로 부를 만한 사

람이 단 한 사람도 없었습니다.

> 여호와께서 이와 같이 말씀하시되
> 다메섹의 서너 가지 죄로 말미암아
> 내가 그 벌을 돌이키지 아니하리니
> 이는 그들이 철 타작기로 타작하듯
> 길르앗을 압박하였음이라 (1:3)

하나님께서 다메섹을 심판하겠다고 하십니다. 다메섹 사람들이 오랫동안 하나님의 백성들을 압박하고 힘들게 했기 때문입니다. 이처럼 하나님은 자기 백성들이 당하는 어려움을 모르시지 않습니다. 하나님은 우리의 어려움을 모두 아십니다. 그리고 때가 되면, 우리의 원수들을 벌하여 주십니다. 그러므로 우리는 원수 갚는 것을 하나님께 맡겨야 합니다.

> 여호와께서 이와 같이 말씀하시되
> 두로의 서너 가지 죄로 말미암아
> 내가 그 벌을 돌이키지 아니하리니
> 이는 그들이 그 형제의 계약을 기억하지 아니하고
> 모든 사로잡은 자를 에돔에 넘겼음이라 (1:9)

하나님께서 두로를 심판하겠다고 하십니다. 두로 사람들이 이스라엘과 맺은 언약을 어겼기 때문입니다. 두로는 이스라엘과 맺은 평화 조약을 어기고, 이스라엘 백성들을 에돔에 노예로 팔았습니다. 두로는 자신의 이익을 위해서라면, 다른 사람의 안위(安危)는 조금도 생각하지 않는 사람들이었습니다. 하나님은 우리가 이웃을 사랑하는 삶을 살기 원하십니다. 우리는 자신의 이익을 위해서 다른 사람에게 피해를 주는 사람이 되어서는 안 됩니다.

> 여호와께서 이와 같이 말씀하시되
> 암몬 자손의 서너 가지 죄로 말미암아
> 내가 그 벌을 돌이키지 아니하리니
> 이는 그들이 자기 지경을 넓히고자 하여
> 길르앗의 아이 밴 여인의 배를 갈랐음이니라 (1:13)

하나님께서 암몬을 심판하겠다고 하십니다. 암몬 사람들이 영토를 넓히기 위해 길르앗 사람들을 무참히 학살했기 때문입니다. 이런 일은 지금도 비일비재(非一非再)하게 발생하고 있습니다. 지금도 힘을 가진 자들은 자신들의 이익을 위해 약자들을 학대합니다. 하나님은 자신의 이익을 위해 약자들을 업신여기는 자들에 대해 침묵하지 않으십니다. 언젠가 반드시 하나님의 심판이 임할 것입니다.

묵상

왜 하나님은 농부 아모스를 북이스라엘의 선지자로
부르셨습니까?

_____

_____

_____

왜 하나님은 다메섹을 심판하겠다고 하십니까?

_____

_____

_____

기도

하나님. 하나님을 모르는 세상은 자신의 이익을 위해 다른 사
람을 억압하고 이용합니다. 하지만 저희들은 이웃을 섬기고
사랑하는 삶을 살게 해 주세요. 예수님의 사랑을 전하는 삶을
살게 해 주세요. 예수님의 이름으로 기도합니다. 아멘.

37주

내가 땅의 모든 족속 가운데 너희만을 알았나니

아모스 3장 | 찬송가 254장. 내 주의 보혈은

> 이스라엘 자손들아 여호와께서
> 너희에 대하여 이르시는 이 말씀을 들으라 (3:1)

하나님은 지금까지 이방 나라에 심판을 선언하셨습니다. 하지만 이제부터는 자기 백성들에게 심판을 선언하십니다. 그 이유는 이스라엘이 이방 나라와 같아졌기 때문입니다. 이스라엘이 이방 나라처럼 우상을 숭배하고, 이방 나라처럼 죄악을 행했기 때문입니다. 우리는 어떠합니까? 혹시 우리도 세상 사람들과 똑같은 죄를 지으며 살고 있지 않습니까?

> 내가 땅의 모든 족속 가운데 너희만을 알았나니
>
> 그러므로 내가 너희 모든 죄악을
>
> 너희에게 보응하리라 하셨나니 (3:2)

하나님께서 이스라엘을 심판하시는 이유는 무엇일까요? 하나님이 모든 족속 가운데, 이스라엘을 가장 사랑하시기 때문입니다. 하나님은 사랑하기 때문에 심판하는 분이십니다. 하나님은 우리에게도 동일하게 행하십니다. 하나님은 우리가 지은 죄에 침묵하지 않으십니다. 우리를 사랑하시기 때문입니다.

> 아스돗의 궁궐들과 애굽 땅의 궁궐들에 선포하여 이르기를
>
> 너희는 사마리아 산들에 모여 그 성 중에서
>
> 얼마나 큰 요란함과 학대함이 있나 보라 하라 (3:9)

하나님께서 이스라엘을 심판하시는 이유는 큰 요란함과 학대함 때문입니다. 이스라엘의 귀족들과 권세자들은 힘없는 약자들을 억압하고 학대했습니다. 강자들이 약자들을 억압하고 학대하는 것은 세상 나라의 특징입니다. 하나님을 모르는 세상 나라에서는 이런 일이 흔하게 발생합니다. 그런데 이런 일이 이스라엘에서 발생한 것입니다. 이스라엘은 세상 나라와 같아졌으므로, 하나님의 심판을 피할 수 없었습니다.

> 내가 이스라엘의 모든 죄를 보응하는 날에
>
> 벧엘의 제단들을 벌하여 그 제단의 뿔들을 꺾어
>
> 땅에 떨어뜨리고 (3:14)

하나님께서 벧엘의 제단들을 벌하신다고 하십니다. 이것은 이스라

엘의 타락이 예배의 타락에서 비롯되었기 때문입니다. 예배가 타락하고 바른 말씀이 선포되지 않았기 때문에, 이스라엘에서 폭력과 학대가 발생하게 된 것입니다. 이처럼 가장 시급하고 중요한 일은 예배의 회복입니다. 예배가 회복되어야만 교회가 회복될 수 있습니다. 교회가 회복되어야만 이 나라에 희망이 있습니다.

묵상

왜 하나님은 이방 나라뿐만 아니라,
이스라엘에도 심판을 선언하셨습니까?

_____

_____

_____

왜 하나님은 벧엘의 제단을 심판하십니까?

_____

_____

_____

기도

하나님. 저희를 긍휼히 여겨 주시고, 이 땅에서 예배가 회복되
게 해 주세요. 그리하여 교회가 회복되고, 이 나라와 민족이 회
복되게 해 주세요. 예수님의 이름으로 기도합니다. 아멘.

38주

내가 그들의 모든 행위를 절대로 잊지 아니하리라

아모스 8-9장 | 찬송가 255장. 너희 죄 흉악하나

> 주 여호와께서 내게 이와 같이 보이셨느니라
> 보라 여름 과일 한 광주리이니라 그가 말씀하시되
> 아모스야 네가 무엇을 보느냐 내가 이르되
> 여름 과일 한 광주리니이다 하매 여호와께서
> 내게 이르시되 내 백성 이스라엘의 끝이 이르렀은즉
> 내가 다시는 그를 용서하지 아니하리니 (8:1-2)

하나님은 아모스에게 여름 과일 환상을 보여 주셨습니다. 여름 과일은 히브리어로 '카이츠'이고, 종말은 히브리어로 '케츠'입니다. 이것은 이스라엘의 멸망이 임박했다는 언어유희입니다. 하나님은 선지

자들을 통해서 이스라엘의 죄를 깨닫게 하셨습니다. 하지만 이스라엘은 죄에서 돌이키지 않았습니다. 결국 하나님은 용서하지 않는다고 말씀하십니다. 하나님은 사랑의 하나님이신 동시에 정의의 하나님이십니다. 우리를 용서하시는 하나님이신 동시에, 우리를 심판하시는 하나님이십니다. 더 늦기 전에 습관적이고 반복적인 죄에서 돌아서야 합니다.

> 가난한 자를 삼키며 땅의 힘없는 자를
> 망하게 하려는 자들아 이 말을 들으라 …
> 여호와께서 야곱의 영광을 두고 맹세하시되 내
> 가 그들의 모든 행위를 절대로 잊지 아니하리라 하셨나니 (8:4-7)

하나님께서 약자들을 괴롭힌 자들에게 경고하십니다. 하나님께서 그들의 행위를 절대로 잊지 않겠다고 하십니다. 하나님은 이 세상에서 일어나는 일에 무관심한 분이 아닙니다. 하나님은 이 세상에서 어떤 일이 일어나고 있는지 모두 다 아십니다. 특히 약자들이 당하는 어려움을 모두 아십니다. 그러므로 우리는 약자들을 배려하며 살아야 합니다. 약자들을 도우며 살아야 합니다. 우리가 도움이 필요한 약자가 누구인지 한번 생각해 봅시다.

> 주 여호와의 말씀이니라 보라 날이 이를지라
> 내가 기근을 땅에 보내리니 양식이 없어 주림이 아니며
> 물이 없어 갈함이 아니요 여호와의 말씀을 듣지 못한 기갈이라 (8:11)

하나님께서 이스라엘에게 심판을 내린다고 하십니다. 하나님이 내리시는 심판은 "여호와의 말씀"을 듣지 못하는 것입니다. 말씀은 은

혜의 도구입니다. 하나님은 말씀을 통해 우리에게 은혜를 주십니다. 몸의 양식이 밥이라면, 영혼의 양식은 말씀입니다. 밥을 먹지 않으면 몸에 병이 생기듯이, 말씀의 은혜가 사라지면 영혼에 병이 생깁니다. 그렇다면 우리는 말씀을 어떻게 대해야 할까요? 밥을 매일 먹듯이, 말씀도 매일 보아야 합니다. 밥을 정기적으로 꾸준히 먹듯이, 말씀도 정기적으로 꾸준히 읽어야 합니다.

> 내 백성 중에서 말하기를
> 화가 우리에게 미치지 아니하며
> 이르지 아니하리라 하는
> 모든 죄인은 칼에 죽으리라 (9:10)

하나님은 심판하는 중에도 은혜를 베푸십니다. 하나님의 심판을 두려워하지 않는 자들은 끝까지 찾아가서 심판하시지만, 하나님의 심판을 두려워하고 진심으로 회개하는 자들은 용서하십니다. 하나님은 지금 우리에게도 경고하고 계십니다. 반복적으로 행하는 죄를 중단하라고 하십니다. 습관적으로 행하는 잘못을 멀리하라고 하십니다. 그러면 하나님은 심판의 하나님이 아니라, 은혜의 하나님으로 우리를 찾아와 주십니다.

묵상

왜 하나님은 여름 과일 환상을 보여 주셨습니까?

_____

_____

_____

하나님은 타락한 이스라엘에게 어떤 심판을 내린다고
하셨습니까?

_____

_____

_____

기도

하나님. 말씀은 영혼의 양식입니다. 영혼의 양식인 말씀을 사
랑하게 해 주세요. 매일 꾸준하게 말씀을 묵상하게 해 주세요.
저희의 영혼이 날마다 거룩하게 변화되게 해 주세요.

일주일에 한 번,
온 가족 말씀 동행 프로젝트

오바댜

39주

너의 마음의 교만이 너를 속였도다

오바댜 1장 | 찬송가 257장. 마음에 가득한 의심을 깨치고

> 오바댜의 묵시라 주 여호와께서
> 에돔에 대하여 이와 같이 말씀하시니라 …
> 보라 내가 너를 나라들 가운데에
> 매우 작게 하였으므로 네가 크게 멸시를 받느니라 (1:1–2)

하나님께서 에돔에 심판을 선언하십니다. 그 이유는 크게 두 가지입니다. 첫째, 형제의 도리를 저버렸기 때문입니다. 에돔과 이스라엘은 형제 국가입니다. 에돔은 에서의 후손이고, 이스라엘은 야곱의 후손입니다. 그런데도 에돔은 이스라엘을 공격했습니다. 둘째, 에돔이 교만했기 때문입니다. 에돔은 천연의 요새에 자리 잡고 있었습니다. 에돔은 바위산에 둘러싸여 있었습니다. 이 때문에 에돔은 매우 교만한 마음을 품게 되었습니다.

> 너의 마음의 교만이 너를 속였도다
> 바위 틈에 거주하며 높은 곳에 사는 자여
> 네가 마음에 이르기를 누가 능히 나를
> 땅에 끌어내리겠느냐 하니 (1:3)

하나님께서 가장 싫어하시는 것이 교만입니다. 그런데도 에돔은 교만한 마음을 품었습니다. 하나님 없이도 안전할 수 있다고 믿었습니다. 따라서 에돔은 하나님의 심판을 피할 수 없었습니다. 지금도 하나님은 교만한 자들을 심판하십니다. 하나님 없이도 안전하다고 생각하는 자들을 벌하십니다. 우리는 어떠합니까? 교만한 마음을 버리고, 겸손하게 하나님을 의지해야 합니다.

> 에서가 어찌 그리 수탈되었으며
> 그 감춘 보물이 어찌 그리 빼앗겼는고 (1:6)

에돔이 교만했던 이유 중 하나는 많은 재물입니다. 에돔은 많은 돈과 보석을 소유하고 있었습니다. 하지만 하나님께서 심판하실 때, 돈과 보석은 아무 도움이 되지 않았습니다. 하나님은 이방 나라들이 에돔을 약탈하게 하셨습니다. 에돔은 돈과 보석을 모두 빼앗기고 말았습니다. 마지막 날의 모습도 이와 같을 것입니다. 돈으로 구원을 얻을 수 있는 사람은 없습니다. 명예와 권력으로 구원을 얻을 수도 없습니다. 오직 예수님을 믿는 자만이 하나님 앞에서 의롭다고 인정받을 것입니다.

> 네가 네 형제 야곱에게 행한 포학으로 말미암아
> 부끄러움을 당하고 영원히 멸절되리라 (1:10)

하나님은 행한 대로 갚으시는 분입니다. 이웃에게 사랑을 행한 자는 하나님의 사랑을 받지만, 이웃에게 악을 행한 자는 하나님의 심판을 받을 것입니다. 에돔은 형제 국가 이스라엘을 사랑하지 않았습니다. 도리어 이스라엘을 공격하고 약탈했습니다. 그 결과 에돔은 하나님의 심판을 받고 멸망하고 말았습니다.

묵상

왜 하나님은 에돔을 심판하십니까?

나는 이웃에게 내 힘과 능력을 자랑하는 교만한 사람인가요?
아니면 이웃을 섬기며 사랑하는 겸손한 사람인가요?

기도

하나님. 하나님은 교만한 자를 벌하시고 낮추시는 분입니다.
하나님 앞에서 겸손한 삶을 살게 해 주세요. 우리 자신을 사랑
하기보다 하나님과 이웃을 사랑하고 섬기면서 살게 해 주세
요. 예수님의 이름으로 기도합니다. 아멘.

일주일에 한 번,
온 가족 말씀 동행 프로젝트

요나

너는 일어나 저 큰 성읍 니느웨로 가서 그것을 향하여 외치라

요나 1장 | 찬송가 258장. 샘물과 같은 보혈은

> 여호와의 말씀이 아밋대의 아들 요나에게 임하니라
> 이르시되 너는 일어나 저 큰 성읍 니느웨로 가서
> 그것을 향하여 외치라 그 악독이 내 앞에
> 상달되었음이니라 하시니라 (1:1-2)

하나님은 요나에게 니느웨 사람들에게 가서 하나님의 메시지를 전하라고 하셨습니다. 하지만 요나는 니느웨 사람들에게 가기를 원하지 않았습니다. 요나가 원한 것은 니느웨가 멸망하는 것이지, 회개하는 것이 아니었기 때문입니다. 이처럼 요나는 하나님의 뜻보다 자신의 뜻을 더 중요하게 생각하는 사람이었습니다.

> 그러나 요나가 여호와의 얼굴을 피하려고
> 일어나 다시스로 도망하려 하여 욥바로 내려갔더니
> 마침 다시스로 가는 배를 만난지라
> 여호와의 얼굴을 피하여 그들과 함께 다시스로 가려고
> 배삯을 주고 배에 올랐더라 (1:3)

요나는 하나님의 뜻보다 자기 뜻을 더 중요하게 생각하는 사람이었습니다. 그래서 요나는 니느웨로 가지 않았습니다. 대신 다시스로 향했습니다. 다시스는 지금의 스페인 지방으로, 니느웨와 정반대 방향이었습니다. 요나는 알지 못했습니다. 하나님의 뜻대로 사는 것이 가장 안전하고, 자신의 뜻을 고집하는 것은 위험하다는 것을 알지 못했습니다.

> 여호와께서 큰 바람을 바다 위에 내리시매
> 바다 가운데에 큰 폭풍이 일어나
> 배가 거의 깨지게 된지라 (1:4)

요나는 니느웨로 가라는 하나님의 뜻을 어기고 다시스로 향했습니다. 하나님은 요나의 불순종을 그냥 두시지 않았습니다. 하나님은 요나가 다시스로 갈 수 없도록 큰 폭풍을 일으키셨고, 요나가 탄 배는 폭풍 때문에 거의 부서질 지경이 되었습니다. 이처럼 하나님의 뜻을 어기고, 자기 뜻을 고집하는 사람은 반드시 큰 어려움에 직면하게 됩니다.

> 여호와께서 이미 큰 물고기를 예비하사
> 요나를 삼키게 하셨으므로 요나가
> 밤낮 삼 일을 물고기 뱃속에 있으니라 (1:17)

사람들은 폭풍이 요나 때문인 것을 알았습니다. 그래서 요나를 바다에 던졌습니다. 요나는 하나님께 불순종한 결과 죽을 위기에 처했습니다. 하지만 요나는 안전했습니다. 하나님께서 요나를 위해 큰 물고기를 예비하셨기 때문입니다. 하나님은 불순종한 요나를 용서하시고, 한 번 더 기회를 주셨습니다.

묵상

왜 요나는 니느웨로 가라는 하나님 말씀에 불순종했습니까?

하나님은 불순종한 요나를 위해 무엇을 예비하셨습니까?

기도

하나님. 하나님의 뜻을 어기던 삶에서 돌아서서, 하나님의 뜻에 순종하는 삶을 살게 해 주세요. 저희가 죄악 된 길에 있을 때, 내버려 두지 마시고 속히 깨달을 수 있도록 도와주세요. 예수님의 이름으로 기도합니다. 아멘.

여호와의 말씀이
두 번째로 요나에게 임하니라

요나 3장 | 찬송가 259장. 예수 십자가에 흘린 피로써

> 여호와의 말씀이 두 번째로 요나에게 임하니라
> 이르시되 일어나 저 큰 성읍 니느웨로 가서
> 내가 네게 명한 바를 그들에게 선포하라 하신지라 (3:1-2)

요나는 하나님의 말씀을 어겼습니다. 요나는 니느웨로 가지 않고, 다시스로 갔습니다. 하지만 하나님은 요나를 용서하셨습니다. 그리고 한 번 더 기회를 주셨습니다. 이처럼 하나님은 우리를 계속해서 용서해 주십니다. 계속해서 기회를 주십니다. 이것이 우리를 향하신 하나님의 사랑입니다. 하나님은 절대 우리를 포기하지 않으

십니다.

> 요나가 여호와의 말씀대로 일어나서 니느웨로 가니라
> 니느웨는 사흘 동안 걸을 만큼 하나님 앞에 큰 성읍이더라
> 요나가 그 성읍에 들어가서 하루 동안 다니며 외쳐 이르되
> 사십 일이 지나면 니느웨가 무너지리라 하였더니 (3:3-4)

니느웨는 사흘 동안 걸어야 할 정도로 큰 성읍이었습니다. 하지만 요나는 단 하루 동안만 말씀을 전했습니다. 하나님의 말씀에 순종하기는 했지만, 매우 부족하게 순종한 것입니다. 요나는 하나님의 일을 하는 데 매우 게을렀습니다. 이것은 하나님께서 원하시는 모습이 아닙니다. 하나님은 우리가 마음과 정성을 다해 하나님께 순종하기를 원하십니다.

> 니느웨 사람들이
> 하나님을 믿고 금식을 선포하고
> 높고 낮은 자를 막론하고
> 굵은 베 옷을 입은지라 (3:5)

요나는 최선을 다해서 복음을 전하지 않았습니다. 요나는 일부 사람들에게만 복음을 전했습니다. 그런데 놀라운 일이 일어났습니다. 요나의 메시지는 금세 온 성에 퍼졌습니다. 니느웨 사람들은 높고 낮은 자를 막론하고, 너나없이 자신의 죄를 회개했습니다. 이것은 하나님께서 니느웨 사람들을 사랑하셨기 때문입니다. 하나님께서 니느웨 사람들도 구원받기를 원하셨기 때문입니다.

> 하나님이 그들이 행한 것 곧 그 악한 길에서
> 돌이켜 떠난 것을 보시고 하나님이 뜻을 돌이키사
> 그들에게 내리리라고 말씀하신 재앙을
> 내리지 아니하시니라 (3:10)

니느웨는 앗수르의 수도입니다. 당시 앗수르는 수많은 나라들을 침략하고 정복했습니다. 따라서 니느웨는 하나님의 심판을 받아 마땅했습니다. 하지만 하나님은 재앙을 내리려는 뜻을 돌이키셨습니다. 니느웨 사람들이 자신들의 죄를 깨닫고 회개했기 때문입니다. 이처럼 하나님은 진심으로 회개하는 자들을 용서하십니다. 하나님 앞에서 용서받지 못할 죄는 없습니다.

묵상

요나는 몇 일 동안 말씀을 전했습니까?

_____

_____

_____

요나가 말씀을 전하자 니느웨 성에 어떤 일이 일어났습니까?

_____

_____

_____

_____

기도

하나님. 저희 가정과 한국 교회가 니느웨 사람들처럼 진심으로 회개할 수 있도록 도와주세요. 죄에서 돌이켜 하나님의 심판이 아니라 은혜를 받게 해 주세요. 예수님의 이름으로 기도합니다. 아멘.

일주일에 한 번,
온 가족 말씀 동행 프로젝트

미가

42주

야곱의 허물이 무엇이냐
사마리아가 아니냐

미가 1장 | 찬송가 260장. 우리를 죄에서 구하시려

> 유다의 왕들 요담과 아하스와 히스기야 시대에
> 모레셋 사람 미가에게 임한 여호와의 말씀
> 곧 사마리아와 예루살렘에 관한 묵시라 (1:1)

하나님은 요담과 아하스와 히스기야가 통치하던 시기에 말씀하셨습니다. 특히 아하스는 남유다 왕들 가운데 가장 타락한 왕으로 알려져 있습니다. 하나님은 자기 백성들이 타락했을 때, 침묵하지 않으시고 미가 선지자를 통해 말씀하셨습니다. 하나님은 지금도 우리에게 말씀하십니다. 지금은 선지자가 아니라 성경을 통해서 말씀하

십니다. 하나님의 말씀을 들으려면 반드시 성경을 보아야 합니다.

> 이는 다 야곱의 허물로 말미암음이요
> 이스라엘 족속의 죄로 말미암음이라
> 야곱의 허물이 무엇이냐 사마리아가 아니냐
> 유다의 산당이 무엇이냐 예루살렘이 아니냐 (1:5)

하나님은 남유다 백성들에게 심판을 선언하셨습니다. 그 이유는 남유다 백성들이 사마리아 사람들처럼 타락했기 때문입니다. 사마리아 사람들이 우상을 숭배하는 것처럼, 남유다 백성들도 우상을 숭배하고 있기 때문입니다. 우리는 어떠합니까? 세상과 구별되어야 함에도, 세상과 똑같이 살고 있지 않습니까? 세상이 무엇보다 돈과 성공을 사랑하는 것처럼, 우리도 하나님보다 돈과 성공을 사랑하는 삶을 살고 있지 않습니까?

> 이러므로 내가 사마리아를 들의 무더기 같게 하고
> 포도 심을 동산 같게 하며 또 그 돌들을
> 골짜기에 쏟아내리고 그 기초를 드러내며 (1:6)

하나님께서 사마리아를 완전히 멸망시킨다고 하십니다. 그 이유는 남유다 백성들이 사마리아를 본받고 있었기 때문입니다. 사마리아를 본받으면, 사마리아처럼 멸망한다는 것을 알려 주려고 하신 것입니다. 우리도 마찬가지입니다. 세상 사람들은 돈과 성공을 사랑하지만, 돈과 성공으로 구원을 얻지 못합니다. 세상은 여전히 죄로 인해 고통받고 있습니다. 우리는 죄 가운데서 고통받고 있는 세상을 본받지 말아야 합니다. 하나님의 심판을 받고 있는 세상을 본받지 말아야 합니다.

> 이러므로 내가 애통하며 애곡하고
> 벌거벗은 몸으로 행하며 들개 같이 애곡하고
> 타조 같이 애통하리니 (1:8)

미가 선지자는 너무나 슬펐습니다. 남유다 백성들이 하나님의 심판을 받게 될 것이 너무나 슬펐습니다. 그래서 미가 선지자는 슬프게 울었습니다. 마치 들개처럼, 타조처럼 크게 울었습니다. 우리 주위에도 복음을 믿지 않고 죽음을 향해 가는 자들이 많이 있습니다. 우리는 그들을 보며 슬퍼해야 합니다. 하나님을 떠난 자들을 보며 슬퍼해야 합니다. 그리고 그들에게 복음을 전하기 위해 최선을 다해야 합니다.

묵상

구약 시대에 선지자를 통해서 말씀하신 하나님께서는
지금은 무엇을 통해서 말씀하십니까?

왜 하나님은 사마리아를 완전히 멸망시킨다고하십니까?

기도

하나님. 세상과 똑같이 살고 있는 저희의 모습을 회개합니다.
세상과 구별되기 원하시는 하나님의 마음을 따라, 세상과 구
별된 삶을 살게 해 주세요. 거룩하게 살게 해 주세요. 예수님의
이름으로 기도합니다. 아멘.

43주

베들레헴 에브라다야 이스라엘을 다스릴 자가 네게서 내게로 나올 것이라

미가 5장 | 찬송가 261장. 이 세상의 모든 죄를

> 베들레헴 에브라다야 너는 유다 족속 중에 작을지라도
> 이스라엘을 다스릴 자가 네게서 내게로 나올 것이라
> 그의 근본은 상고에, 영원에 있느니라 (5:2)

하나님은 미가 선지자를 통해서 예수님이 출생하실 장소를 알려 주셨습니다. 미가 선지자는 예수님이 베들레헴에서 출생하실 것이라고 했습니다. 실제로 예수님은 베들레헴에서 출생하셨습니다. 놀라운 점은 베들레헴이 이스라엘에서 매우 작은 마을 중에 하나라는 것입니다. 세상을 창조하신 하나님께서 베들레헴처럼 작은 마을에서

출생하신 것은 참으로 신비로운 일입니다.

> 이 사람은 평강이 될 것이라 앗수르 사람이
> 우리 땅에 들어와서 우리 궁들을 밟을 때에는
> 우리가 일곱 목자와 여덟 군왕을 일으켜 그를 치리니 (5:5)

미가 선지자는 예수님께서 평강을 주실 것이라고 예언했습니다. 실제로 예수님은 우리에게 평강을 주셨습니다. 예수님은 칼과 총으로 평화를 주신 것이 아니라, 자신을 십자가에서 희생하시는 것을 통해 평화를 주셨습니다. 따라서 우리는 다른 데서 평화를 찾으려고 해서는 안 됩니다. 우리를 죄에서 구원하신 예수님을 믿고 따르는 것만이 평화를 누리는 유일한 방법입니다.

> 야곱의 남은 자는 많은 백성 가운데 있으리니
> 그들은 여호와께로부터 내리는 이슬 같고
> 풀 위에 내리는 단비 같아서 사람을 기다리지 아니하며
> 인생을 기다리지 아니할 것이며… (5:7)

미가 선지자는 "야곱의 남은 자가" 많을 것이라고 예언했습니다. 비록 남유다가 타락했을지라도 하나님의 백성들은 끊어지지 않고 계속해서 존재할 것이라는 뜻입니다. 실제로 하나님의 백성들은 한 번도 역사 속에서 사라진 적이 없습니다. 하나님의 백성들은 언제나 역사 속에 존재했습니다. 그 결과 우리도 하나님의 백성이 되었습니다. 세상 마지막 날까지 하나님의 백성들은 이 땅에 존재할 것입니다.

> 내가 네가 새긴 우상과 주상을
> 너희 가운데에서 멸절하리니
> 네가 네 손으로 만든 것을
> 다시는 섬기지 아니하리라 (5:13)

하나님은 우상을 멸절하시겠다고 하셨습니다. 우리가 하나님보다 더 사랑하는 것을 우상이라고 합니다. 하나님보다 돈을 더 사랑하면 돈이 우상이고, 하나님보다 사람을 더 사랑하면 사람이 우상입니다. 우리의 우상이 무엇인지 생각해 봅시다. 하나님의 심판이 임하기 전에 하나님께로 돌아갑시다.

묵상

미가 선지자는 예수님이 어디에서 출생하신다고
예언했습니까?

_____

_____

_____

_____

예수님께서 세상에 평강을 주시는 방법은 무엇입니까?

_____

_____

_____

기도

하나님. 예수님만이 우리의 평강이십니다. 다른 데서 평강을
찾지 않게 해 주세요. 예수님을 잘 믿고, 예수님의 제자가 되어
서, 예수님께서 주시는 평강을 온전히 누리게 해 주세요. 예수
님의 이름으로 기도합니다. 아멘.

일주일에 한 번,
온 가족 말씀 동행 프로젝트

나훔

44주

여호와는 질투하시며
보복하시는 하나님이시니라

나훔 1–3장 | 찬송가 263장. 이 세상 험하고

> 여호와는 질투하시며 보복하시는 하나님이시니라
> 여호와는 보복하시며 진노하시되 자기를 거스르는 자에게
> 여호와는 보복하시며 자기를 대적하는 자에게 진노를 품으시며 (1:2)

하나님께서 자신을 "보복하시는 하나님"이라고 하십니다. 이것은 이스라엘 대신 앗수르를 심판하시겠다는 뜻입니다. 앗수르는 오랫동안 이스라엘을 괴롭혔습니다. 이스라엘을 멸망시킨 것도 앗수르입니다. 하지만 이제 앗수르는 멸망하게 될 것입니다. 하나님께서 이스라엘을 대신하여 앗수르를 심판하실 것입니다. 하나님은 우리

대신 보복하시는 분입니다. 하나님은 우리 대신 원수를 갚아 주시는 분입니다. 억울하고 괴로운 일이 있다면, 스스로 원수 갚으려 하기보다 하나님께 맡겨야 합니다.

> 여호와께서 이같이 말씀하시기를 그들이 비록 강하고
> 많을지라도 반드시 멸절을 당하리니 그가 없어지리라 (1:12)

앗수르는 오늘날 미국과 같은 최강대국이었습니다. 그리고 니느웨는 앗수르의 수도였습니다. 니느웨는 난공불락의 요새였습니다. 하지만 니느웨는 무너졌고, 앗수르는 멸망했습니다. 앗수르가 하나님의 심판을 자초했기 때문입니다. 앗수르는 자신들의 군사력을 믿고, 수많은 약소국을 억압했습니다. 그 결과 앗수르는 하나님의 심판을 피할 수 없었습니다. 어쩌면 우리도 하나님의 심판을 자초하는 삶을 살고 있을지 모릅니다. 우리의 생각과 말과 행동을 점검해 봅시다. 그리고 속히 회개합시다.

> 은을 노략하라 금을 노략하라 그 저축한 것이
> 무한하고 아름다운 기구가 풍부함이니라 (2:9)

앗수르는 매우 부유한 나라였습니다. 앗수르는 수많은 재물을 소유하고 있었습니다. 앗수르는 셀 수 없이 많은 은과 금을 가지고 있었습니다. 하지만 그것은 가난한 나라에서 약탈해 온 것이었습니다. 앗수르는 약한 나라를 약탈하여 부유하게 되었습니다. 하지만 그 결과는 하나님의 심판이었습니다. 돈을 얼마나 버느냐보다 돈을 어떻게 버느냐가 더 중요합니다. 하나님은 우리가 정직하고 성실하게 돈을 벌기 원하십니다. 부자가 되기 위해 수단과 방법을 가리지 않는 것은 하나님의 뜻이 아닙니다.

> 화 있을진저 피의 성이여 그 안에는
> 거짓이 가득하고 포악이 가득하며
> 탈취가 떠나지 아니하는도다 (3:1)

하나님께서 니느웨를 "피의 성"이라고 하십니다. 앗수르가 자신들의 이익을 위해, 다른 사람들의 피를 흘렸다는 뜻입니다. 앗수르는 자신의 이익을 위해, 다른 사람을 고통스럽게 했던 것입니다. 이것은 하나님께서 원하시는 삶이 아닙니다. 하나님께서 원하시는 삶은 다른 사람의 이익을 위해 자신의 이익을 희생하는 것입니다. 우리를 위해 자신을 희생하신 예수님처럼 사는 것입니다.

묵상

왜 하나님은 자신을 보복하시는 하나님이라고 하십니까?

_____

_____

_____

앗수르는 어떻게 부유한 나라가 되었습니까?
그 결과는 무엇입니까?

_____

_____

_____

기도

하나님. 하나님은 우리의 죄를 심판하시는 분이십니다. 성실하게 저희의 죄를 회개하고, 거룩하게 살기 위해 노력하게 해 주세요. 우리 자신의 이익보다 다른 사람의 이익을 위하는 사람이 되게 해 주세요. 예수님의 이름으로 기도합니다. 아멘.

일주일에 한 번,
온 가족 말씀 동행 프로젝트

하박국

의인은 그의 믿음으로
말미암아 살리라

하박국 1-2장 | 찬송가 265장. 주 십자가를 지심으로

> 여호와여 내가 부르짖어도 주께서 듣지 아니하시니
> 어느 때까지리이까 내가 강포로 말미암아 외쳐도
> 주께서 구원하지 아니하시나이다 (1:2)

하박국은 남유다의 선지자였습니다. 하박국은 남유다의 타락한 현실을 보며 하나님께 기도했습니다. 하박국은 악한 자들이 악한 자들을 억압하는 모습을 보며 하나님께 기도했습니다. 하지만 하박국의 눈에는 아무런 변화도 보이지 않았습니다. 그래서 하박국은 하나님께서 자신의 기도를 듣지 않으신다고 생각했습니다.

> 여호와께서 이르시되 너희는
>
> 여러 나라를 보고 또 보고
>
> 놀라고 또 놀랄지어다
>
> 너희의 생전에 내가 한 가지 일을 행할 것이라
>
> 누가 너희에게 말할지라도
>
> 너희가 믿지 아니하리라 (1:5)

하박국은 하나님께서 자신의 기도를 듣지 않으신다고 생각했습니다. 하지만 하나님은 하박국의 기도를 다 듣고 계셨습니다. 다만 때가 되지 않았을 뿐입니다. 이제 때가 되었기에 하나님은 다음과 같이 말씀하십니다. "너희의 생전에 내가 한 가지 일을 행할 것이라." 이것은 바벨론으로 남유다를 심판하신다는 뜻입니다. 이제 하나님은 바벨론 군대를 통해서 남유다의 타락한 자들을 심판하실 것입니다.

> 주께서는 눈이 정결하시므로
>
> 악을 차마 보지 못하시며
>
> 패역을 차마 보지 못하시거늘 어찌하여
>
> 거짓된 자들을 방관하시며 악인이 자기보다
>
> 의로운 사람을 삼키는데도 잠잠하시나이까 (1:13)

하나님은 하박국의 기도를 들으셨습니다. 그리고 바벨론을 통해 남유다의 악한 자들을 심판하신고 하셨습니다. 하지만 하박국은 이해할 수 없었습니다. 하나님께서 이방 나라를 통해, 하나님의 백성들을 심판하신다는 것을 이해할 수 없었습니다. 그래서 하박국은 다음과 같이 되물었습니다. "악인이 자기보다 의로운 사람을 삼키는데도 잠잠하시나이까."

> 보라 그의 마음은 교만하며 그 속에서
> 정직하지 못하나 의인은
> 그의 믿음으로 말미암아 살리라 (2:4)

하나님은 하박국의 질문에 다음과 같이 대답하셨습니다. "의인은 그의 믿음으로 말미암아 살리라." 하나님께서 하시는 일이 이해되지 않을지라도, 하나님께서 하시는 일은 올바르다는 것을 믿어야 한다는 뜻입니다. 하나님의 말씀처럼 하나님의 백성들은 믿음으로 사는 사람입니다. 우리가 이해하기 힘든 일들이 일어날지라도, 우리는 하나님은 지혜로우시고 선하심을 믿어야 합니다.

묵상

하나님은 하박국의 기도에 어떻게 응답하신다고 하셨습니까?

하박국이 하나님을 이해하지 못할 때, 하나님은 하박국에게 무엇을 요구하셨습니까?

기도

하나님. 저희가 이해하기 어려운 일들이 많습니다. 그때마다 저희는 하나님을 의심하곤 합니다. 저희에게 믿음을 주세요. 항상 하나님을 신뢰하게 해 주세요. 예수님의 이름으로 기도합니다. 아멘.

일주일에 한 번,
온 가족 말씀 동행 프로젝트

스바냐

46주

여호와께서는 복도 내리지 아니하시며
화도 내리지 아니하시리라

스바냐 1장 | 찬송가 268장. 죄에서 자유를 얻게 함은

> 아몬의 아들 유다 왕 요시야의 시대에
> 스바냐에게 임한 여호와의 말씀이라
> 스바냐는 히스기야의 현손이요 아마랴의 증손이요
> 그다랴의 손자요 구시의 아들이었더라 (1:1)

스바냐서의 저자는 스바냐입니다. 스바냐는 히스기야의 후손으로,
남유다의 왕족이었습니다. 스바냐는 얼마든지 편안한 삶을 살 수 있
었습니다. 하지만 그는 선지자가 되는 길을 선택했습니다. 스바냐
는 편안한 삶을 사는 것보다 하나님 나라를 위해 헌신하는 것을 더

중요하게 생각했습니다.

> 내가 유다와 예루살렘의 모든 주민들 위에 손을 펴서
> 남아 있는 바알을 그 곳에서 멸절하며
> 그마림이란 이름과 및 그 제사장들을 아울러 멸절하며 (1:4)

하나님께서 유다와 예루살렘의 모든 주민들을 심판하시겠다고 하십니다. 그 이유는 우상 숭배 때문입니다. 유다와 예루살렘 곳곳에서 바알 숭배가 행해지고 있었기 때문입니다. 하나님보다 더 중요하게 생각하거나, 하나님보다 더 사랑하는 것을 우상이라고 합니다. 우리의 우상은 무엇입니까? 우리 삶에서 우상을 제거하지 않는다면, 무서운 심판이 닥쳐올 것입니다.

> 그 때에 내가 예루살렘에서
> 찌꺼기 같이 가라앉아서
> 마음속에 스스로 이르기를 여호와께서는
> 복도 내리지 아니하시며
> 화도 내리지 아니하시리라 하는 자를
> 등불로 두루 찾아 벌하리니 (1:12)

하나님이 없다고 믿는 사람들을 '무신론자'라고 합니다. 당시 예루살렘 사람들은 무신론자와 같았습니다. 예루살렘 사람들은 정기적으로 안식일을 지켰고, 성전에서 제사도 드렸습니다. 하지만 일상의 삶에서는 무신론자처럼 살았습니다. 그들은 하나님이 복도 내리지 않고, 벌도 내리지 않는다고 생각했습니다. 바로 이것이 하나님께서 그들을 심판하신 이유입니다. 하나님은 우리 삶에 무관심한 분

이 아닙니다. 하나님은 우리에게서 멀리 떨어져 계신 분도 아닙니다. 하나님은 늘 우리 곁에 계십니다. 하나님은 우리가 악을 행할 때 우리를 벌하시고, 우리가 선을 행할 때 우리에게 복을 주시는 분이십니다.

> 여호와의 큰 날이 가깝도다 가깝고도 빠르도다
> 여호와의 날의 소리로다
> 용사가 거기서 심히 슬피 우는도다 (1:14)

남유다 백성들은 "여호와의 날"을 기다렸습니다. 여호와의 날은 하나님께서 찾아오시는 날, 하나님께서 강력하게 일하시는 날을 의미했습니다. 남유다 백성들은 여호와의 날이 되면 남유다가 크게 부흥할 것이라고 생각했습니다. 사실은 정반대였습니다. 남유다 백성들이 하나님 앞에 악을 행하고 있었기 때문에, 여호와의 날은 심판의 날이 될 것이 분명했습니다. 그리고 실제로 그렇게 되었습니다.

묵상

예루살렘 주민들은 어떤 점에서 무신론자와 같았습니까?

여호와의 날은 사실 어떤 날입니까?

기도

하나님. 저희와 항상 함께하시는 하나님. 저희에게 복을 주기도
하시고, 벌을 내리기도 하시는 하나님. 하나님이 저희 곁에 늘
함께하신다는 사실을 잊지 않게 해 주세요. 하나님과 동행하는
삶을 살게 해 주세요. 예수님의 이름으로 기도합니다. 아멘.

일주일에 한 번,
온 가족 말씀 동행 프로젝트

학개

47주

지금이 너희만 잘 꾸민 집에
살고 있을 때란 말이냐?

학개 1장 | 찬송가 270장. 변찮는 주님의 사랑과

> 다리오 왕 제이년 여섯째 달 곧 그 달 초하루에
> 여호와의 말씀이 선지자 학개로 말미암아
> 스알디엘의 아들 유다 총독 스룹바벨과
> 여호사닥의 아들 대제사장 여호수아에게 임하니라 이르시되(1:1)

총독 스룹바벨과 대제사장 여호수아는 바벨론에서 예루살렘으로 돌아온 사람들입니다. 그들이 돌아온 이유는 성전을 건설하기 위해서였습니다. 하지만 총독 스룹바벨과 대제사장 여호수아는 성전 건설을 포기하고 말았습니다. 주변 나라의 방해가 너무 심했기 때문입니다. 주변 나라들은 이스라엘이 다시 재건되는 것을 원하지 않았고, 최선을 다해 성전 재건을 가로막고 있었습니다. 바로 그때 학개 선지자를 통해 하나님의 말씀이 선포되었습니다. 하나님의 말씀을 듣는 것이야말로 모든 변화의 시작입니다.

> 성전이 이렇게 무너져 있는데,
> 지금이 너희만 잘 꾸민 집에
> 살고 있을 때란 말이냐? (새번역 1:4)

이스라엘 백성들은 성전에 관심을 가지지 않았습니다. 무너진 성전을 재건하는 데 관심을 두지 않았습니다. 대신 자신들의 집을 아름답게 꾸미는 데 관심을 가졌습니다. 이에 하나님은 다음과 같이 말씀하셨습니다. "성전이 이렇게 무너져 있는데, 지금이 너희만 잘 꾸민 집에 살고 있을 때란 말이냐?" 지금은 성전이 존재하지 않습니다. 지금 하나님은 건물로 된 성전에 거하시지 않고, 우리 마음속에 거하시기 때문입니다. 따라서 지금 우리가 시급하게 해야 할 일은 하나님 중심의 삶을 회복하는 것입니다. 하나님과 교제하는 데 더 많은 시간을 사용하는 것입니다. 기도와 말씀을 우리 삶에서 회복하는 것입니다.

> 너희가 많이 뿌릴지라도 수확이 적으며
> 먹을지라도 배부르지 못하며 마실지라도
> 흡족하지 못하며 입어도 따뜻하지 못하며
> 일꾼이 삯을 받아도 그것을 구멍 뚫어진
> 전대에 넣음이 되느니라 (1:6)

이스라엘 백성들은 하나님께 무관심했습니다. 대신 자신들의 삶에만 관심을 가졌습니다. 자신들의 사업에만 관심을 가졌습니다. 그러면 더 잘살게 되리라고 생각했기 때문입니다. 하지만 결과는 정반대였습니다. 오히려 수확은 더 적었고, 먹을 것과 마실 것은 더 줄어들었습니다. 그 이유는 무엇일까요? 하나님의 은혜가 사라졌기 때문입니다. 우리가 아무리 노력해도 하나님의 은혜가 없다면, 아무 소용이 없습니다. 우리의 노력보다 하나님의 은혜가 더 중요합니다. 그리고 하나님의 은혜를 받기 위해서는 하나님 중심의 삶을 회복해야 합니다. 하나님과 동행하는 삶을 살기 위해 노력해야 합니다.

묵상

왜 스룹바벨과 여호수아는 성전 건축을 포기했습니까?

_____

_____

_____

이스라엘 백성들은 성전을 짓는 대신 무엇을 짓는 일에
최선을 다했습니까?

_____

_____

_____

_____

기도

하나님. 하나님과 교제하는 것보다 더 중요한 일은 없습니다.
우리가 아무리 노력해도 하나님의 은혜가 없다면, 아무 소용
이 없기 때문입니다. 저희의 삶에서 기도와 말씀이 회복되게
해 주세요. 하나님과 동행하는 삶을 살게 해 주세요. 예수님의
이름으로 기도합니다. 아멘.

일주일에 한 번,
온 가족 말씀 동행 프로젝트

스가랴

48주

너희 조상들을 본받지 말라

스가랴 1장 | 찬송가 279장. 인애하신 구세주여

> 그러므로 너는 그들에게 말하기를
> 만군의 여호와께서 이처럼 이르시되
> 너희는 내게로 돌아오라 만군의 여호와의 말이니라
> 그리하면 내가 너희에게로 돌아가리라
> 만군의 여호와의 말이니라 (1:3)

하나님께서 이스라엘 백성들에게, "너희는 내게로 돌아오라. 그리하면 내가 너희에게로 돌아가리라"라고 말씀하십니다. 하나님께서 이렇게 말씀하시는 이유는 다음과 같습니다. 이스라엘 백성들은 하나님의 은혜를 간구했습니다. 하나님께서 복 주시기를 원했습니다.

하지만 하나님 앞에서 거룩하게 살지는 않았습니다. 죄를 중단하지 않았습니다. 그래서 하나님은 먼저 하나님께로 돌아올 것을 요구하신 것입니다. 하나님 앞에서 거룩하게 살지 않으면서, 하나님께서 주시는 복을 기대하는 것은 어리석은 일입니다.

> 너희 조상들을 본받지 말라
> 옛적 선지자들이 그들에게 외쳐 이르되
> 만군의 여호와께서 이같이 말씀하시기를 너희가 악한 길,
> 악한 행위를 떠나서 돌아오라 하셨다 하나
> 그들이 듣지 아니하고 내게 귀를
> 기울이지 아니하였느니라 여호와의 말이니라 (1:4)

하나님께서 이스라엘 백성들에게 "조상들을 본받지 말라"라고 말씀하십니다. 과거에 이스라엘 백성들은 하나님의 말씀에 불순종하여 크게 벌을 받았습니다. 그러한 과거를 반복하지 말라는 것입니다. 우리 역시 역사에서 배워야 합니다. 하나님은 죄에 침묵하시는 분이 아니십니다. 하나님은 우리의 죄를 심판하시는 분이십니다. 만약 우리가 조상들의 죄를 반복하고 있다면, 조상들이 받았던 심판을 우리 역시 받게 될 것입니다.

> 화석류나무 사이에 선 자가 대답하여 이르되
> 이는 여호와께서 땅에 두루 다니라고 보내신 자들이니라 (1:10)

스가랴 선지자는 환상을 보았습니다. 스가랴 선지자는 환상 중에 "붉은 말을 탄 사람"을 보았습니다. 스가랴 선지자는 하나님께 이 환상이 무엇을 의미하는지 물었습니다. 그러자 하나님은 붉은 말을 탄

자는 하나님께서 온 땅을 두루 다니라고 보낸 자라고 말씀하셨습니다. 즉, 하나님은 자기 백성들의 형편이 어떠한지를 천사들을 통해서 살펴보신 것입니다. 물론 이것은 비유입니다. 하나님은 천사를 통해 살펴보지 않아도 우리의 형편을 다 아시기 때문입니다. 중요한 사실은, 하나님은 우리의 삶에 무관심하지 않으시다는 것입니다. 하나님은 우리가 어떤 어려움을 겪고 있는지, 어떤 슬픔과 고통을 겪고 있는지를 다 아십니다. 하나님은 우리가 무엇 때문에 힘들어하는지를 다 아십니다. 그렇다면 우리가 해야 할 것은 무엇일까요? 우리의 죄를 회개하고, 하나님의 도움을 구해야 합니다.

묵상

왜 하나님은 "너희는 내게로 돌아오라"라고 말씀하셨습니까?

_____

_____

_____

_____

'붉은 말을 탄 사람' 환상이 의미하는 것은 무엇입니까?

_____

_____

_____

_____

기도

하나님. 저희가 회개해야 할 것이 무엇인지 깨닫게 해 주세요. 저희 죄를 회개하고, 속히 하나님께로 돌아가게 해 주세요. 과거의 죄를 더 이상 반복하지 않게 해 주세요. 예수님의 이름으로 기도합니다. 아멘.

49주

이는 불에서 꺼낸 그슬린 나무가 아니냐

스가랴 3장 | 찬송가 280장. 천부여 의지 없어서

> 대제사장 여호수아는 여호와의 천사 앞에 섰고
> 사탄은 그의 오른쪽에 서서 그를 대적하는 것을
> 여호와께서 내게 보이시니라 (3:1)

대제사장 여호수아와 사탄이 등장합니다. 대제사장 여호수아는 하나님의 백성들을 대표하는 사람입니다. 그런 여호수아를 사탄은 대적합니다. 이 장면은 우리가 어떤 은혜를 받았는지를 보여 주는 중요한 장면입니다.

> 여호와께서 사탄에게 이르시되 사탄아 여호와께서 너를 책망하노라
> 예루살렘을 택한 여호와께서 너를 책망하노라
> 이는 불에서 꺼낸 그슬린 나무가
> 아니냐 하실 때에 (3:2)

사탄은 여호수아를 대적합니다. 아마 사탄은 여호수아가 부족하고 자격이 없다고 고발했을 것입니다. 하지만 하나님은 여호수아가 불에서 꺼낸 그슬린 나무와 같다고 하십니다. 볼품없고 초라하기에 하나님의 긍휼이 필요하다는 뜻입니다. 사탄은 부족하기에 심판을 받아야 한다고 말하지만, 하나님은 부족하기에 긍휼을 받아야 한다고 하십니다. 바로 이것이 우리가 받은 은혜입니다. 하나님은 우리의 부족함을 아시고 예수님을 보내 주셨습니다. 우리 대신 예수님이 십자가에서 죽임을 당하게 하셨습니다. 하나님은 우리가 부족하다고 해서 우리를 버리시지 않습니다. 오히려 부족하기에 더 많은 긍휼을 베풀어 주십니다.

> 여호수아가 더러운 옷을 입고 천사 앞에 서 있는지라
> 여호와께서 자기 앞에 선 자들에게 명령하사
> 그 더러운 옷을 벗기라 하시고 또 여호수아에게 이르시되
> 내가 네 죄악을 제거하여 버렸으니
> 네게 아름다운 옷을 입히리라 하시기로 (3:3-4)

여호수아는 더러운 옷을 입고 있었습니다. 이것은 우리의 죄를 상징합니다. 하나님은 여호수아의 더러운 옷을 벗기시고 아름다운 옷을 입혀 주셨습니다. 이것은 예수님을 통해 우리의 죄를 깨끗하게 하신 것을 의미합니다.

> 여호와의 천사가 여호수아에게 증언하여 이르되
> 만군의 여호와의 말씀에 네가 만일 내 도를 행하며 내 규례를 지키면
> 네가 내 집을 다스릴 것이요 내 뜰을 지킬 것이며
> 내가 또 너로 여기 섰는 자들 가운데에 왕래하게 하리라 (3:6-7)

하나님은 여호수아를 깨끗하게 하시고 다음과 같이 말씀하십니다. "네가 만일 내 도를 행하며 내 규례를 지키면 네가 내 집을 다스릴 것이요." 하나님은 여호수아에게 도를 행하고 규례를 지키라고 하십니다. 하나님의 말씀에 순종하는 삶을 살라는 것입니다. 구원받기 위해서 우리가 해야 하는 것은 없습니다. 하지만 구원받은 이후에는 하나님의 말씀에 순종하는 삶을 살아야 합니다. 바로 그것이 예수님을 통해 깨끗하게 된 자들의 책임과 의무입니다.

묵상

하나님께서 여호수아를 두고 불에서 꺼낸 그슬린 나무와
같다고 하신 것은 어떤 의미입니까?

_____

_____

_____

_____

여호수아가 입고 있던 더러운 옷은 무엇을 상징합니까?

_____

_____

_____

기도

하나님. 하나님은 우리의 더러운 죄를 깨끗하게 해 주셨습니
다. 아무 자격 없는 저희를 구원하여 주셨음을 깨달았습니다.
그러므로 이제부터는 악을 멀리하고, 선을 행하는 삶을 살아
가게 해 주세요. 하나님 말씀에 순종하는 삶을 살게 해 주세요.
예수님의 이름으로 기도합니다. 아멘.

50주

그 금식이 나를 위하여,
나를 위하여 한 것이냐

스가랴 7장 | 찬송가 284장. 오랫동안 모든 죄 가운데 빠져

> 만군의 여호와의 전에 있는 제사장들과 선지자들에게 물어 이르되
>
> 내가 여러 해 동안 행한 대로
>
> 오월 중에 울며 근신하리이까 하매 (7:3)

벧엘에서 온 사람들이 성전에 있는 제사장들과 선지자들에게 물었습니다. 그들이 질문한 것은 "제가 매해 5월마다 금식을 하고 있는데, 그 금식을 계속해야 합니까?"였습니다.

> 그 금식이 나를 위하여, 나를 위하여 한 것이냐
> 너희가 먹고 마실 때에 그것은 너희를 위하여 먹고
> 너희를 위하여 마시는 것이 아니냐 (7:5-6)

스가랴 선지자는 하나님께 물었습니다. 그러자 하나님은 다음과 같이 말씀하셨습니다. 첫째, 지금까지 너희가 금식한 것은 나를 위해서 한 것이 아니다. 둘째, 지금까지 너희가 금식한 것은 너희를 위해서 한 것이다. 정리하면 하나님의 말씀은 다음과 같은 뜻입니다. 원래 금식은 하나님과 더 가까워지기 위해서 하는 것입니다. 하지만 이스라엘 백성들은 복을 받기 위한 수단으로 금식을 사용했습니다. 그런 금식은 하나님께서 기뻐하시는 금식이 아닙니다. 따라서 그러한 금식은 계속할 필요가 없습니다.

> 과부와 고아와 나그네와 궁핍한 자를 압제하지 말며
> 서로 해하려고 마음에 도모하지 말라 하였으나 (7:10)

하나님은 그러한 형식적인 금식은 중단하라고 하십니다. 단지 복을 받기 위한 수단으로 금식하는 것은 중단하라고 하신 것입니다. 대신 과부와 고아와 나그네를 도우라고 하십니다. 사회적 약자들을 도우라고 하십니다. 복을 얻는 것만 생각하지 말고, 복을 나누어 주는 삶을 살라고 하십니다. 우리는 어떠합니까? 우리는 복을 얻는 것만 생각하는 사람입니까, 아니면 복을 나누어 주는 사람입니까?

> 그들이 듣기를 싫어하여 등을 돌리며 듣지 아니하려고 귀를 막으며
> 그 마음을 금강석 같게 하여 율법과 만군의 여호와가 그의 영으로
> 옛 선지자들을 통하여 전한 말을 듣지 아니하므로
> 큰 진노가 만군의 여호와께로부터 나왔도다 (7:11-12)

하나님은 과거에 이스라엘이 멸망한 이유를 말씀하십니다. 과거에 이스라엘이 멸망한 이유는 하나님의 말씀 듣기를 싫어했기 때문입니다. 하나님의 말씀대로 살기를 원하지 않았기 때문입니다. 따라서 지금 이스라엘 백성들이 해야 할 일은 형식적인 금식이 아닙니다. 하나님의 말씀을 묵상하고, 그 말씀대로 살기 위해 노력해야 합니다.

묵상

하나님은 형식적인 금식 대신 무엇을 하라고 하셨습니까?

_____

_____

_____

우리는 복을 얻으려고 하는 사람입니까?
복을 나누어 주는 사람입니까?

_____

_____

_____

기도

하나님. 하나님께 드리는 기도와 찬양이 형식적이지 않게 해
주세요. 진심으로 하나님을 높이고, 전심으로 하나님을 찬양
하게 해 주세요. 하나님을 기쁘시게 하는 기도와 찬양을 하게
해 주세요. 예수님의 이름으로 기도합니다. 아멘.

일주일에 한 번,
온 가족 말씀 동행 프로젝트

말라기

51주

눈 먼 희생 제물을 바치는 것이 어찌 악하지 아니하며

말라기 1장 | 찬송가 288장. 예수를 나의 구주 삼고

> 여호와께서 이르시되
> 내가 너희를 사랑하였노라 하나 너희는 이르기를
> 주께서 어떻게 우리를 사랑하셨나이까 하는도다 (1:2a)

하나님은 이스라엘 백성들을 사랑하셨습니다. 하지만 이스라엘 백성들은 자신들이 하나님께 사랑받는다고 생각하지 않았습니다. 정치와 경제적인 이유 때문이었습니다. 당시 이스라엘은 정치적으로는 페르시아의 지배를 받고 있었습니다. 경제적으로는 여러 가지 어려움을 겪고 있었습니다. 바로 이러한 이유 때문에 이스라엘 백성들

은 하나님께서 자신들을 사랑하시지 않는다고 생각했습니다.

> 나 여호와가 말하노라 에서는 야곱의 형이 아니냐
> 그러나 내가 야곱을 사랑하였고 에서는 미워하였으며
> 그의 산들을 황폐하게 하였고
> 그의 산업을 광야의 이리들에게 넘겼느니라 (1:2b-3)

하나님은 에서가 아니라 야곱을 선택하셨습니다. 하나님은 야곱을 하나님의 백성으로 선택하셨습니다. 하나님의 백성으로 택함을 받은 것, 바로 이것이 하나님께서 사랑하신다는 증거입니다. 이스라엘도 마찬가지입니다. 정치와 경제적인 부흥이 하나님께서 사랑하신다는 증거가 아닙니다. 하나님의 백성으로 택함을 받은 것이 하나님께서 사랑하신다는 증거입니다. 우리도 마찬가지입니다. 우리에게는 여러 가지 어려움이 있습니다. 하지만 하나님의 사랑을 의심해서는 안 됩니다. 하나님의 백성으로 택함을 받은 것이 하나님께서 우리를 사랑하신다는 증거이기 때문입니다.

> 만군의 여호와가 이르노라
> 너희가 눈 먼 희생제물을 바치는 것이 어찌 악하지 아니하며
> 저는 것, 병든 것을 드리는 것이 어찌 악하지 아니하냐
> 이제 그것을 너희 총독에게 드려 보라
> 그가 너를 기뻐하겠으며 너를 받아 주겠느냐 (1:8)

사랑이 없었던 것은 하나님이 아니라 이스라엘 백성들이었습니다. 이스라엘 백성들은 하나님을 사랑하지 않았습니다. 그 증거는 제물입니다. 이스라엘 백성들은 페르시아 총독에게는 좋은 것을 바치면

서, 하나님께는 좋지 않은 것을 바쳤습니다. 하나님께 가장 좋은 것을 바쳐야 함에도 불구하고, 도리어 병든 짐승을 하나님께 바쳤습니다. 우리도 마찬가지입니다. 우리를 위해 시간과 돈을 다 사용하고, 남는 것을 하나님께 드리려고 해서는 안 됩니다. 하나님께 드릴 시간과 돈을 구별해야 합니다. 가장 좋은 것을 하나님께 드려야 합니다.

묵상

왜 이스라엘 백성들은 하나님께서 자신들을
사랑하시지 않는다고 생각했습니까?

이스라엘 백성들은 하나님께 어떤 제물을 바쳤습니까?

기도

하나님. 하나님을 진정으로 사랑하게 해 주세요. 하나님께 가
장 좋은 것을 드리게 해 주세요. 남는 것을 드리는 것이 아니
라. 구별된 것을 드리게 해 주세요. 예수님의 이름으로 기도합
니다. 아멘.

내가 내 사자를 보내리니

말라기 3–4장 | 찬송가 289장. 주 예수 내 맘에 들어와

> 만군의 여호와가 이르노라
> 보라 내가 내 사자를 보내리니 그가 내 앞에서 길을 준비할 것이요
> 또 너희가 구하는 바 주가 갑자기 그의 성전에 임하시리니
> 곧 너희가 사모하는 바 언약의 사자가 임하실 것이라 (3:1)

하나님께서 두 사자를 보낸다고 하십니다. 첫째, "내 사자"입니다. 이 사자는 세례 요한을 의미합니다. 둘째, "언약의 사자"입니다. 이 사자는 예수님을 의미합니다. 하나님은 약속하신 대로 세례 요한과 예수님을 보내 주셨습니다.

> 너희 곧 온 나라가 나의 것을 도둑질하였으므로
>
> 너희가 저주를 받았느니라 만군의 여호와가 이르노라
>
> 너희의 온전한 십일조를 창고에 들여 나의 집에 양식이 있게 하고
>
> 그것으로 나를 시험하여 내가 하늘 문을 열고
>
> 너희에게 복을 쌓을 곳이 없도록 붓지 아니하나 보라 (3:9-10)

하나님께서 이스라엘 백성이 하나님의 것을 도둑질했다고 하십니다. 그것은 다름 아닌 십일조입니다. 이스라엘 백성들은 하나님께 헌금하는 것을 아깝게 생각했고, 하나님은 그것을 보시고 도둑질이라고 말씀하셨습니다. 이스라엘 백성들이 하나님께 헌금하지 않은 것은 돈이 자신들을 지켜 준다고 생각했기 때문입니다. 하지만 우리 인생을 안전하게 지켜 주는 것은 돈이 아니라 하나님입니다. 그런 믿음이 있다면, 하나님께 헌금하는 것을 아깝게 생각하지 않을 것입니다.

> 만군의 여호와가 이르노라
>
> 보라 용광로 불 같은 날이 이르리니
>
> 교만한 자와 악을 행하는 자는 다 지푸라기 같을 것이라
>
> 그 이르는 날에 그들을 살라 그 뿌리와 가지를 남기지 아니할 것이로되
>
> 내 이름을 경외하는 너희에게는 공의로운 해가 떠올라서
>
> 치료하는 광선을 비추리니 너희가 나가서
>
> 외양간에서 나온 송아지 같이 뛰리라 (4:1-2)

하나님께서 저주와 축복을 선언하십니다. 교만한 자와 악을 행하는 자는 하나님께서 지푸라기처럼 태워 버리실 것입니다. 하지만 하나님을 경외하는 자들은 치료하는 광선으로 고쳐 주시고, 외양간의 송

아지처럼 돌보아 주실 것입니다. 우리는 선택해야 합니다. 교만하고 악한 삶을 살아 벌을 받을 것인지, 겸손하고 거룩한 삶을 살아 복을 받을 것인지를 말입니다.

> 보라 여호와의 크고 두려운 날이 이르기 전에
> 내가 선지자 엘리야를 너희에게 보내리니
> 그가 아버지의 마음을 자녀에게로 돌이키게 하고
> 자녀들의 마음을 그들의 아버지에게로 돌이키게 하리라
> 돌이키지 아니하면 두렵건대 내가 와서
> 저주로 그 땅을 칠까 하노라 하시니라 (4:4-5)

하나님께서 선지자 엘리야를 다시 보낸다고 하십니다. 이것은 실제로 엘리야를 보낸다는 말이 아닙니다. 이 엘리야는 세례 요한을 말하는 것입니다. 엘리야가 백성들의 마음을 하나님께로 돌이키는 일을 한 것처럼, 장차 세례 요한도 백성들의 마음을 예수님께로 돌이키는 일을 할 것입니다.

묵상

하나님께서 언약하신 두 사자는 각각 누구입니까?

_____

_____

_____

왜 하나님은 이스라엘 백성들이 하나님의 것을
도둑질했다고 하십니까?

_____

_____

_____

기도

하나님. 저희가 가진 모든 것은 하나님께서 주신 것입니다. 하
나님께서 은혜를 베풀어 주신 것입니다. 그러니 감사한 마음
으로 구별해서 하나님께 헌금하게 해 주세요. 하나님께 헌금
하는 것을 아까워하지 않는 마음을 주세요. 예수님의 이름으
로 기도합니다. 아멘.